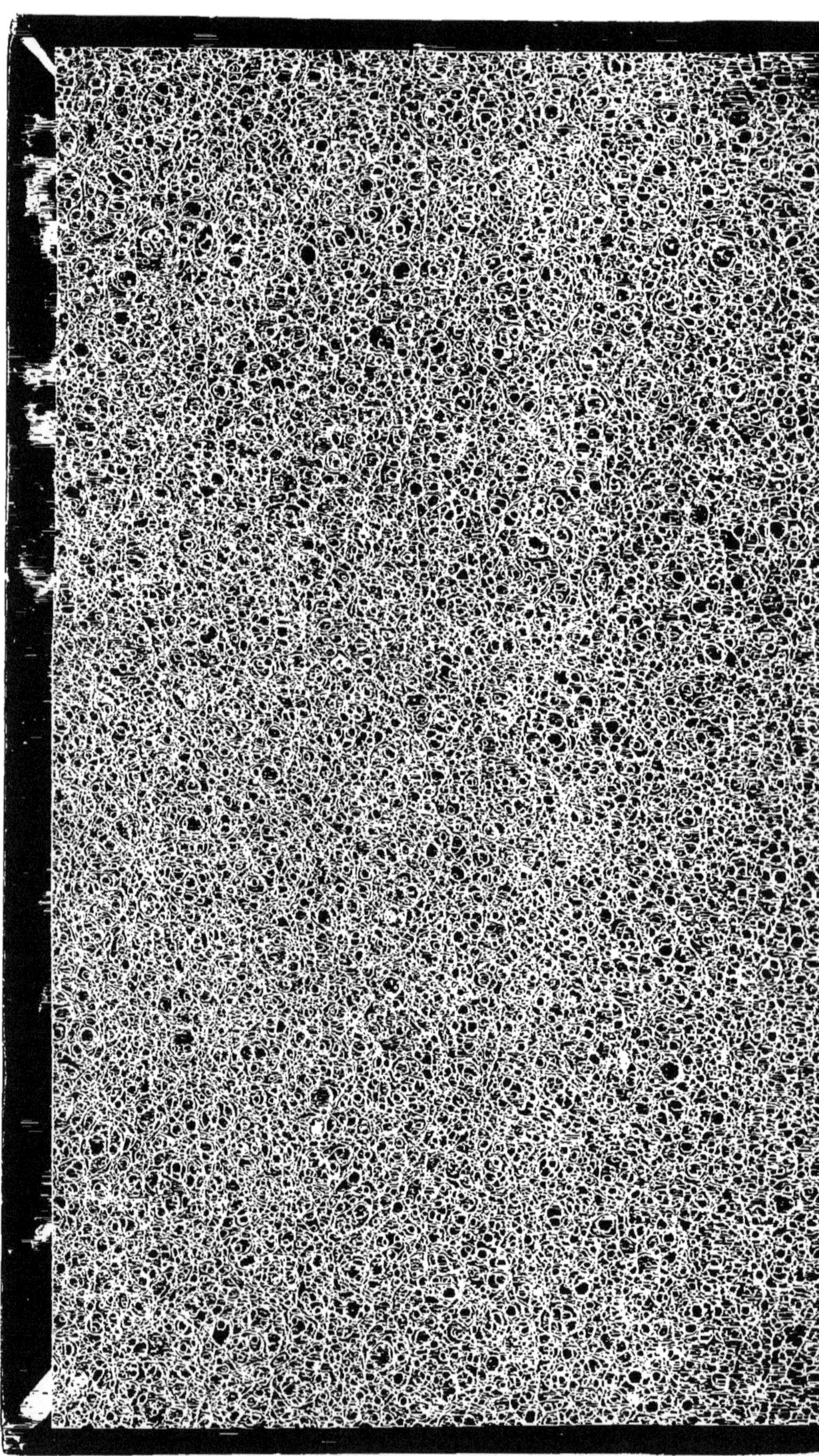

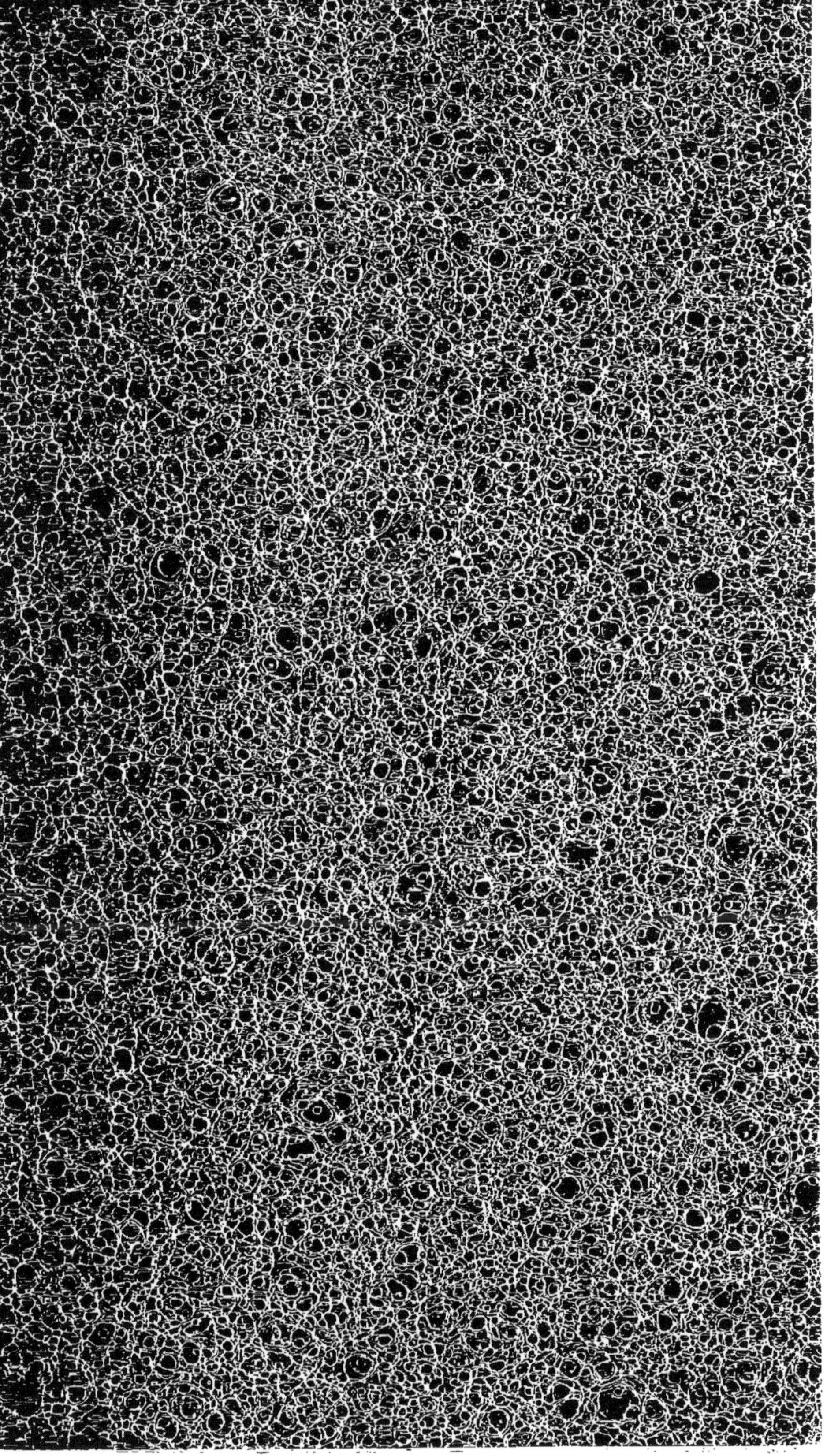

Larrey

RELATION

DES CAMPAGNES

DU GÉNÉRAL BONAPARTE

EN ÉGYPTE ET EN SYRIE.

Ce livre est indiqué sur le catalogue de
Magimel, page 21, comme étant très rare.

On trouve chez P. Didot l'aîné :

Les Pieces diverses relatives aux opérations militaires et politiques du général Bonaparte en Egypte, 1 volume in-8°.

Ce recueil est divisé en quatre livres, précédés de sa proclamation
aux soldats de terre et de mer de l'armée de la Méditerranée, lors de son
départ de Toulon, en floréal an 6 ; de sa correspondance avec le directoire exécutif jusqu'à son départ de Malte ; et des pieces relatives à cette
expédition.

Le livre I contient sa correspondance avec le directoire exécutif relativement à l'expédition d'Egypte ;

Le livre II ses différentes proclamations aux soldats et aux habitants
de l'Egypte ;

Le livre III la correspondance du dyvan, du chérif de la Mekke, du
sulthân de Darfour, et autres, avec lui ;

Le livre I V sa correspondance dans l'intérieur de l'Egypte.

Mémoires sur l'Egypte, publiés pendant les campagnes du général Bonaparte, dans les années V et VI ; 1 volume in-8°,
orné de deux cartes géographiques.

C'est le recueil des différents mémoires des savants composant l'institut
d'Egypte.

SOUS PRESSE.

Pieces diverses relatives aux opérations militaires et politiques
du général Bonaparte en Italie pendant les années IV, V et VI.

RELATION

DES CAMPAGNES

DU

GÉNÉRAL BONAPARTE

EN ÉGYPTE ET EN SYRIE,

PAR

LE GÉNÉRAL DE DIVISION BERTHIER,

CHEF DE L'ÉTAT-MAJOR-GÉNÉRAL DE L'ARMÉE D'ORIENT.

Et facere et pati fortia Romanum est.
TITE-LIVE.

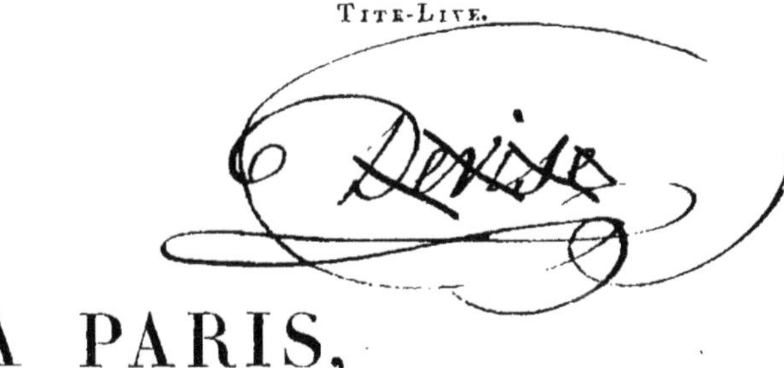

A PARIS,

DE L'IMPRIMERIE DE P. DIDOT L'AINÉ,

IMPRIMEUR DU SENAT-CONSERVATEUR,

AU PALAIS NATIONAL DES SCIENCES ET ARTS.

AN IX.

AVIS.

On s'est borné dans cette relation au récit des évènements militaires. Les apperçus politiques sur les ressources de l'Egypte, la description de ses monuments, l'histoire des mœurs et usages des diverses nations qui l'habitent, ont été traités par le citoyen Volney avec une vérité et une profondeur qui n'ont rien laissé à ajouter aux observateurs qui sont venus après lui. Son ouvrage étoit le guide des Français en Egypte; c'est le seul qui ne les ait jamais trompés.

Quant aux monuments de la haute Egypte, la description en sera donnée par le citoyen Denon. Cet artiste distingué, que Desaix nommoit son ami, a suivi jusqu'aux cataractes la division

commandée par ce général, partageant
ses fatigues et ses dangers pour aller
dessiner les restes magnifiques dont ces
contrées sont couvertes. Le public ne
tardera pas à jouir de cette collection,
qui fournira au philosophe des recher-
ches propres à éclairer l'histoire d'un
peuple célebre , à l'ami des arts une
source d'instruction et de jouissances.

RELATION DE L'EXPÉDITION D'ÉGYPTE.

DÉBARQUEMENT *des Français en Egypte.*

Prise d'Alexandrie.

Huit jours avoient suffi à Bonaparte pour prendre possession de l'isle de Malte, y organiser un gouvernement provisoire, se ravitailler, faire de l'eau, et régler toutes les dispositions militaires et administratives. Il avoit paru devant cette isle le 22 prairial ; il la quitte le premier messidor, après en avoir laissé le commandement au général Vaubois.

Les vents de nord-ouest souffloient grand frais. Le 7 messidor, la flotte est à la vue de l'isle de Candie ; le 11, elle est sur les côtes d'Afrique ; le 12, au matin, elle découvre la tour des Arabes ; le soir, elle est devant Alexandrie.

Bonaparte fait donner l'ordre de communiquer avec cette ville, pour y prendre le consul français, et avoir des renseignements, tant sur les Anglais que sur la situation de l'Egypte.

Le consul arrive, le 13, à bord de l'amiral ; il annonce que la vue de l'escadre française a occasionné dans la ville un mouvement contre les Chrétiens, et qu'il a couru lui-même de grands dangers pour s'embarquer. Il ajoute que quatorze vaisseaux anglais ont paru le 10 messidor à une demi-lieue d'Alexandrie, et que l'amiral Nelson, après avoir envoyé demander au consul anglais des nouvelles de la flotte française, a dirigé sa route vers le nord-est. Il assure enfin que la ville et les forts d'Alexandrie sont disposés à se défendre contre ceux qui tenteroient un débarquement, de quelque nation qu'ils fussent.

Tout devoit faire craindre que l'escadre anglaise, paroissant d'un moment à l'autre, ne vînt attaquer la flotte et le convoi dans une position défavorable. Il n'y avoit pas un instant à perdre. Le général en chef donna donc, le soir même, l'ordre du débarquement : il en avoit décidé le point au Marabou ; il avoit même ordonné de faire mouiller l'armée navale aussi' près de ce point qu'il seroit possible : mais deux vaisseaux de guerre, en s'abordant, tombent sur le vaisseau amiral, et cet accident oblige de mouiller à l'endroit même où il est arrivé. La distance de l'endroit du mouillage, éloigné de trois lieues de la terre ; le vent du nord, qui souffloit avec violence ; une mer agitée qui se brisoit contre les ressifs dont cette côte est bordée ; tout rendoit le débarquement aussi difficile que périlleux : mais ces dangers, cette contrariété des éléments, ne peuvent arrêter des braves, impatients de prévenir les dispositions hostiles des habitants du pays.

Bonaparte veut être à la tête du débarquement. Il monte une galere, et bientôt il est suivi d'une foule de canots, sur lesquels les généraux Bon et Kleber avoient reçu l'ordre de faire embarquer une partie de leurs divisions, qui se trouvoient à bord des vaisseaux de guerre.

Les généraux Desaix, Regnier, et Menou, dont les divisions étoient sur les bâtiments du convoi, reçoivent l'ordre d'effectuer leur débarquement sur trois colonnes, vers le Marabou.

La mer, en un instant, est couverte de canots qui luttent contre l'impétuosité et la fureur des vagues. La galere que montoit Bonaparte s'étoit approchée le plus près du banc de ressifs où l'on trouve la passe qui conduit à l'anse du Marabou. Là il attend les chaloupes sur lesquelles étoient les troupes qui avoient eu ordre de se réunir à lui ; mais elles ne parviennent à ce point qu'après le coucher du soleil, et ne peuvent traverser que pendant la nuit le banc de ressifs. Enfin, à une heure du matin, le géneral en chef débarque à la tête des premieres troupes qui se forment

successivement dans le désert à trois lieues d'A-
lexandrie.

Bonaparte envoie des éclaireurs en avant, et
passe en revue les troupes débarquées. Elles se
composoient d'environ 1000 hommes de la division Kleber, 1800 de la division Menou, et 1500
de celle du général Bon. La position des vaisseaux
et la côte du Marabou n'avoient permis de débarquer ni chevaux ni canons; les divisions Desaix
et Regnier n'avoient pu encore gagner la terre,
par les difficultés qu'elles avoient éprouvées dans
leur navigation; mais Bonaparte sait qu'il commande à des hommes qui ne comptent point leurs
ennemis. Il falloit profiter de la nuit pour se
porter sur Alexandrie; et, à deux heures et demie
du matin, il se met en marche, sur trois colonnes.

Au moment du départ, on voit arriver quelques chaloupes de la division Regnier. Ce général
reçoit l'ordre de prendre position pour garder le
point de débarquement : le général Desaix avoit
reçu celui de suivre le mouvement de l'armée
aussitôt que sa division auroit débarqué.

L'ordre est donné aux bâtiments de transport
d'appareiller, et de venir mouiller dans le port
du Marabou, pour faciliter le débarquement du
reste des troupes, et amener à terre deux pieces
de campagne, avec les chevaux qui devoient les
traîner.

Bonaparte marchoit à pied avec l'avant-garde ,
accompagné de son état-major et des généraux.
Il avoit recommandé au général Caffarelli, qui
avoit une jambe de bois, d'attendre qu'on eût pu
débarquer un cheval; mais ce général, qui ne
veut pas qu'on le devance au poste d'honneur,
est sourd à toutes les instances, et brave les fatigues d'une marche pénible.

La même ardeur, le même enthousiasme, re-
gnent dans toute l'armée. Le général Bon commandoit la colonne droite, le général Kleber celle
du centre; celle de gauche étoit sous les ordres
du général Menou, qui côtoyoit la mer. Une
demi-heure avant le jour, un des avant-postes est
attaqué par quelques Arabes, qui tuent un officier. Ils s'approchent ; une fusillade s'engage
entre eux et les tirailleurs de l'armée. A une
demi-lieue d'Alexandrie, leur troupe se réunit,
au nombre de trois cents cavaliers environ ; mais,
à l'approche des Français, ils abandonnent les
hauteurs qui dominent la ville, et s'enfoncent
dans le désert.

Bonaparte, se voyant près de l'enceinte de la
vieille ville des Arabes, donne l'ordre à chaque
colonne de s'arrêter à la portée du canon. Desi-
rant prévenir l'effusion du sang, il se dispose
à parlementer ; mais des hurlements effroya-
bles d'hommes, de femmes, et d'enfants, et
une canonnade qui démasque quelques pieces,

font connoître les intentions de l'ennemi.

Réduit à la nécessité de vaincre, Bonaparte fait battre la charge. Les hurlements redoublent avec une nouvelle fureur. Les Français s'avancent vers l'enceinte, qu'ils se disposent à escalader malgré le feu des assiégés, et une grêle de pierres qu'on fait pleuvoir sur eux : généraux et soldats escaladent les murs avec la même intrépidité.

Le général Kleber est atteint d'une balle à la tête ; le général Menou est renversé du haut des murailles, qu'il avoit gravies, et est couvert de contusions. Le soldat rivalise avec les chefs. Un guide, nommé Joseph Cala, devance les grenadiers, et monte un des premiers sur le mur, où, malgré le feu de l'ennemi et les nuées de pierres qui fondent sur lui, il aide les grenadiers Sabathier et Labruyere à escalader le rempart. Les murs sont bientôt couverts de Français, les assiégés fuient dans la ville, la terreur devient générale. Cependant ceux qui sont dans les vieilles tours continuent leur feu, et refusent obstinément de se rendre.

D'après les ordres de Bonaparte, les troupes ne devoient point entrer dans la ville, mais se former sur les hauteurs du port qui la dominent. Le général en chef se rend sur ces monticules, dans l'intention de déterminer la ville à capituler ; mais le soldat, furieux de la résistance de l'ennemi, s'étoit laissé entraîner par son ardeur. Déja

une grande partie se trouvoit engagée dans les
rues de la ville, où il s'établissoit une fusillade
meurtriere. Bonaparte fait battre à l'instant la
générale. Il mande vers lui le capitaine d'une
caravelle turke qui étoit dans le port vieux; il
le charge de porter aux habitants d'Alexandrie
des paroles de paix, de les rassurer sur les intentions de la république française, de leur annon-
cer que leurs propriétés, leur liberté, leur religion, seront respectées; que la France, jalouse de
conserver leur amitié et celle de la Porte, ne pré-
tend diriger ses forces que contre les Mamloùks.
Ce capitaine, suivi de quelques officiers français,
se rend dans la ville, et engage les habitants à se
rendre, pour éviter le pillage et la mort.

Bientôt les Imâms, les Cheykhs, les Chéryfs
viennent se présenter à Bonaparte, qui leur re-
nouvelle l'assurance des dispositions amicales et
pacifiques de la république française. Ils se retirent pleins de confiance dans ces dispositions;
les forts du Phare sont remis aux Français, qui
prennent en même temps possession de la ville et
des deux ports.

Bonaparte ordonne que les prieres et les céré-
monies religieuses continuent d'avoir lieu comme
avant l'arrivée des Français, que chacun retourne
à ses travaux et à ses habitudes. L'ordre et la sécurité commencent à renaître.

Les Arabes qui avoient attaqué le matin l'avant-garde de l'armée envoient eux-mêmes des députés qui ramenent quelques Français tombés entre leurs mains. Ils déclarent que, puisque les Français ne viennent combattre que les Mamloûks, et ne veulent pas faire la guerre aux Arabes, ni enlever leurs femmes, ni renverser la religion de Mahomet, ils ne peuvent être leurs ennemis. Bonaparte mange avec eux le pain gage de la foi des traités, et leur fait des présents. Ils acceptent ces dons, qui étoient l'objet de leur visite; ils font éclater les démonstrations de leur reconnoissance; ils jurent fidélité à l'alliance . . . . et retournent piller tous les Français qu'ils rencontrent. Tel est l'Arabe.

Cette journée mémorable, qui assuroit aux Français la principale entrée de l'Egypte, a coûté la vie au chef de brigade de la trente-unieme, le citoyen Massé, et à cinq officiers de différentes divisions.

L'adjudant-général Escale a eu le bras cassé; vingt soldats se sont noyés dans le débarquement, soixante ont été blessés et quinze tués à l'attaque de la ville.

L'amiral Brueix, le citoyen Gantheaume, chef de l'état-major de l'armée navale, tous les officiers de marine, ont secondé les efforts de l'armée de terre avec un dévouement qu'on ne sauroit trop louer : on leur doit une partie des succès qu'on a obtenus.

Mais, pour assurer ces avantages, il falloit profiter de la terreur qu'inspiroit l'armée française, et marcher contre les Mamloùks avant qu'ils eussent le temps de disposer un plan de défense ou d'attaque.

C'est dans ces vues que le général en chef donna l'ordre au général Desaix, qui venoit d'arriver avec sa division et les deux pieces qu'on avoit débarquées, de se porter, sans délai, dans le désert sur la route du Caire. Ce général étoit dès le lendemain à trois lieues d'Alexandrie.

MARCHE de l'armée française au Caire. Bataille de Chebreisse. Bataille des Pyramides.

Aussitôt que Bonaparte se fut rendu maître d'Alexandrie, il fit donner l'ordre aux bâtiments de transport d'entrer dans le port de cette ville, et de procéder au débarquement des chevaux, des munitions, et de tous les objets dont ils étoient chargés. Les jours et les nuits sont employés à cette opération. Les vaisseaux de guerre ne pouvoient entrer dans le port, et restoient mouillés dans la rade à une grande distance, ce qui rendoit le débarquement de l'artillerie de siege également long et pénible.

Bonaparte convient avec l'amiral Brueix que la

flotte ira mouiller à Aboùqyr, où la rade est bonne et le débarquement facile , et d'où l'on peut également communiquer avec Rosette et Alexandrie ; il donne en même temps l'ordre à l'amiral de faire sonder avec précision la passe du vieux port d'Alexandrie ; son intention est que l'escadre y entre s'il est possible, ou , dans le cas contraire, qu'elle se rende à Corfou. Tout commandoit de presser le débarquement avec une nouvelle activité ; les Anglais pouvoient, d'un instant à l'autre, se présenter ; l'escadre ne pouvoit donc trop tôt se rendre indépendante de l'armée. D'un autre côté il étoit essentiel, tant pour prévenir les dispositions hostiles des Mamloùks que pour ne pas leur laisser le temps d'évacuer les magasins , de marcher sur le Caire avec rapidité. Il falloit donc se hâter de procurer aux troupes tout ce qui étoit nécessaire à ce mouvement.

Pendant ces préparatifs , Bonaparte visitoit la ville et les forts , ordonnoit de nouveaux travaux, prenoit toutes les mesures civiles et militaires pour assurer la défense et la tranquillité de la ville, organisoit un dyvân , et disposoit tout pour que l'armée fût bientôt en état de rejoindre la division du général Desaix.

Deux routes conduisent d'Alexandrie au Caire ; la premiere est celle qui passe par le désert..... et Demenhour; pour suivre l'autre, il faut gagner Rosette en côtoyant la mer , et traversant , à une lieue d'Aboùqyr, un détroit de 200 toises de large, qui joint le lac Madie à la mer ; mais ce passage, auquel on n'étoit point préparé, eût nécessairement retardé la marche de l'armée.

Bonaparte avoit fait équiper une petite flottille, destinée à remonter le Nil. Cette flottille, commandée par le chef de division Pérée, et composée de plusieurs chaloupes canonnieres et d'un chebeck, auroit été d'un grand secours pour l'armée si on avoit pris la route de Rosette ; elle eût porté les équipages et les vivres des troupes, et suivi tous leurs mouvements ; mais les Français n'avoient point encore pris possession de Rosette, et, en prenant le parti de suivre cette route, Bonaparte eût retardé de huit à dix jours la marche de l'armée sur le Caire. Il décide que l'armée s'avancera par le désert et par Demenhour. C'est cette route que la division Desaix avoit reçu ordre de suivre.

Le général en chef s'étoit rendu maître d'Alexandrie le 17 messidor. Dès le lendemain l'armée se mit en marche pour le Caire, et ce jour-là même le général Desaix arrivoit à Demenhour, après avoir traversé quinze lieues de désert.

Bonaparte laisse en partant le commandement d'Alexandrie au général Kleber, qui avoit été blessé au siege de cette ville. La division de ce général, commandée par le général Dugua, reçoit l'ordre de partir avec les hommes de troupes à cheval qui ne sont pas montés, de protéger l'entrée de la flottille française dans le Nil, de s'emparer de Rosette, d'y établir un dyvân provisoire, d'y laisser une garnison, de faire construire une batterie à Lisbé, de faire embarquer du riz sur la flottille, de suivre la route du Caire sur la rive gauche du Nil, afin de se réunir à l'armée par Rahmanie, d'ordonner à la flottille de remonter le Nil, et de faire toute diligence pour rejoindre l'armée.

L'armée partit d'Alexandrie les 18 et 19 messidor, avec son artillerie de campagne et un petit corps de cavalerie, si toutefois on peut donner ce nom à trois cents cavaliers montés sur des chevaux qui, épuisés par une traversée de deux mois, pouvoient à peine porter leurs cavaliers. L'artillerie, par la même raison, étoit mal attelée. Le 20 messidor, les divisions arrivent à Demenhour. Pendant toute la route elles avoient été harcelées par les Arabes, qui avoient comblé les puits de Beda et de Birket, de sorte que le soldat, brûlé par l'ardeur du soleil, et en proie à une soif dévorante, ne pouvoit trouver à se désaltérer. On creuse dans ces puits d'eau saumâtre, mais on n'en peut retirer qu'un peu d'eau bourbeuse : un verre d'eau se paie au poids de l'or.

L'armée d'Alexandre, dans une pareille extrémité, poussa des cris séditieux contre le vainqueur du monde ; les Français accélèrent leur marche.

Les troupes arrivées le 20 messidor à Demenhour y séjournent le 21. Jamais les Arabes ne s'étoient montrés en aussi grand nombre. Ils harcelent les grandes gardes ; plusieurs actions s'engagent, et le général de brigade Mireur est blessé mortellement.

Le 22, au lever du soleil, l'armée se met en marche pour Rahmanie ; le petit nombre des puits force les divisions de marcher à deux heures l'une de l'autre.

A neuf heures et demie du matin, les divisions des généraux Menou, Regnier, et Bon, avoient pris position. Le soldat découvre le Nil ; il s'y précipite tout habillé et s'abreuve d'une eau délicieuse. Presque au même instant le tambour le rappelle à ses drapeaux. Un corps d'environ huit cents Mamloùks s'avançoit en ordre de bataille ; on court aux armes. Les ennemis s'éloignent, se dirigent sur la route de Demenhour, où ils rencontrent la division Desaix : le feu de l'artillerie avertit qu'elle est attaquée. Bonaparte marche à l'instant contre les Mamloùks ; mais l'artillerie du général Desaix les avoit déja éloignés. Ils avoient pris la fuite, et s'étoient dispersés après avoir eu quarante hommes tués ou blessés. Parmentier, de la sixieme demi-brigade, a été tué dans cette action, ainsi qu'un guide à cheval. Dix fantassins ont été légèrement blessés.

Le soldat, épuisé par la marche et les privations, avoit besoin de repos ; les chevaux, foibles et harassés par les fatigues de la mer, en avoient plus besoin encore. Bonaparte prend le parti de séjourner à Rahmanié le 23 et le 24, et d'y attendre la flottille et la division Menou.

Ce général avoit exécuté les ordres qu'il avoit reçus. Il s'étoit emparé de Rosette sans obstacle. Il rejoint l'armée par des marches forcées, et annonce que la flottille étoit heureusement entrée dans le Nil, mais qu'elle remontoit ce fleuve avec difficulté, les eaux étant encore basses. Elle arrive enfin dans la nuit du 24. Cette nuit même l'armée part pour Miniet-Salamé. Elle y couche, et le 25 avant le jour elle est en marche pour livrer bataille à l'ennemi par-tout où elle pourra le rencontrer.

Bataille de Chebreisse, 25 messidor.

Les Mamloùks, au nombre de quatre mille, étoient à une lieue plus loin. Leur droite étoit appuyée au village de Chebreisse, dans lequel ils avoient placé quelques pieces de canon, et au Nil, sur lequel ils avoient une flottille composée de chaloupes canonnieres et de d'jermes armées.

Bonaparte avoit donné ordre à la flottille française de continuer sa marche, en se dirigeant de maniere à pouvoir appuyer la gauche de l'armée sur le Nil, et attaquer la flotte ennemie au moment où l'on attaqueroit les Mamloùks et le village de Chebreisse. Malheureusement la violence des vents ne permit pas de suivre en tout ces dispositions. La flottille dépasse la gauche de l'armée, gagne une lieue sur elle, se trouve en présence de l'ennemi, et se voit obligée d'engager un combat d'autant plus inégal, qu'elle avoit à-la-fois à soutenir le feu des Mamloùks, des Felha et des Arabes, et à se défendre contre la flottille ennemie.

Les Felha, conduits par les Mamloùks, se jettent, les uns à l'eau, les autres dans des d'jermes, et parviennent à prendre à l'abordage une galere et une chaloupe canonniere. Le chef de division Parée dispose aussitôt ce qui lui reste de monde, il fait attaquer à son tour et parvient à reprendre la chaloupe canonniere et la galere. Son chebeck, qui vomit de tous côtés le feu et la mort, protege la reprise de ces bâtiments, et brûle les chaloupes canonnieres de l'ennemi. Il est puissamment secondé, dans ce combat inégal et glorieux, par l'intrépidité et le sang-froid du général Andréossi, et par les citoyens Monge, Berthollet, Junot, Payeur, et Bourrienne, secrétaire du général en chef, qui se trouvent à bord du chebeck.

Cependant le bruit du canon avoit fait connoître au général en chef que la flottille étoit engagée; il fait marcher l'armée à pas de charge; elle s'approche de Chebreisse et apperçoit les Mam-

loùks rangés en bataille en avant de ce village.
Bonaparte reconnoît la position et forme l'armée.
Elle étoit composée de cinq divisions; chaque
division forme un quarré qui présente à chaque
face six hommes de hauteur; l'artillerie est placée
aux angles. Au centre sont les équipages et la cavalerie. Les grenadiers de chaque quarré forment
des pelotons qui flanquent les divisions, et sont
destinés à renforcer les points d'attaque.

Les sapeurs, les dépôts d'artillerie, prennent
position et se barricadent dans deux villages en
arriere, afin de servir de point de retraite en cas
d'évènement.

L'armée n'étoit plus qu'à une demi-lieue des
Mamloùks. Tout-à-coup ils s'ébranlent par masses
sans aucun ordre de formation, et caracolent
sur les flancs et les derrieres. D'autres masses
fondent avec impétuosité sur la droite et le front
de l'armée. On les laisse approcher jusqu'à la portée de la mitraille. Aussitôt l'artillerie se démasque, et son feu les met en fuite. Quelques pelotons des plus braves fondent, avec intrépidité, le
sabre à la main, sur les pelotons de flanqueurs.
On les attend de pied ferme, et presque tous sont
tués ou par le feu de la mousqueterie ou par la
baïonnette.

Animée par ce premier succès, l'armée s'ébranle
au pas de charge, et marche sur le village de Chebreisse, que l'aile droite a l'ordre de déborder.

Ce village est emporté après une foible résistance. La déroute des Mamloùks est complete ; ils fuient en désordre vers le Caire. Leur flottille prend également la fuite, en remontant le Nil, et termine ainsi un combat qui duroit depuis deux heures avec le même acharnement. C'est sur-tout à la valeur des hommes de troupe à cheval embarqués sur la flottille qu'est due la gloire de cette journée. La perte de l'ennemi a été de plus de six cents hommes, tant tués que blessés ; celle des Français d'environ soixante-dix.

Aussitôt après l'action, Bonaparte ordonne au général de brigade Zayoncheck de débarquer avec les hommes de troupe à cheval, au nombre d'environ quinze cents, et de suivre la rive droite du Nil à la hauteur de la marche de l'armée qui s'avance sur la rive gauche.

L'armée couche à Chebreisse, et le 26 à Chabour. Le 27 elle couche à Comecheric ; elle étoit sans cesse harcelée dans sa marche par les Aràbes. On ne pouvoit s'en éloigner à la portée du canon sans tomber dans quelque embuscade. Ces barbares assassinoient et pilloient s'ils étoient les plus nombreux ; ils prenoient la fuite s'ils étoient en nombre égal, et s'il falloit combattre.

L'adjoint aux adjudants-généraux Gallois, officier distingué, est tué en portant un ordre du général en chef. L'adjudant Denano tombe entre leurs mains ; ils le conduisent à leur camp ; et cet intéressant jeune homme meurt assassiné. Toute communication est interceptée à trois cents toises derriere l'armée. On ne peut faire parvenir aucune nouvelle à Alexandrie; on n'en reçoit aucune de cette ville.

Tous les villages où l'armée arrive sont abandonnés. Elle n'y trouve plus ni hommes ni bestiaux; elle couche sur des tas de blé, et elle est sans pain. Elle manque également de viande, et ne subsiste qu'avec des lentilles, ou de mauvaises galettes que le soldat fait lui-même en écrasant du blé. Elle continue sa marche vers le Caire, couche le 28 à Alcan, le 29 à Abounichabé, le 30 à Wardan, où elle séjourne. Le 1er thermidor elle se rend à Ommedinar. Le général Zayencheck prend position à la pointe du Delta où le Nil se partage en deux branches, celle de Damiette et celle de Rozette.

Bonaparte, informé que Mourâd bey, à la tête de six mille Mamloùks et d'une foule d'Arabes et de Fellâhs, est retranché au village d'Embabé à la hauteur du Caire vis-à-vis Boulac, et qu'il attend les Français pour les combattre, s'empresse d'aller lui présenter la bataille.

Le 2 thermidor, à deux heures du matin, l'armée part d'Ommedinar. Au point du jour la division du général Desaix, qui formoit l'avant-garde, a connoissance d'un corps d'environ six cents Mamloùks et d'un grand nombre d'Arabes qui se replient aussitôt. A deux heures après midi l'armée arrive aux villages d'Ebverach et de Boutis. Elle n'étoit plus qu'à trois quarts de lieue d'Embabé, et appercevoit de loin le corps de Mamloùks qui se trouvoit dans ce village. La chaleur étoit brûlante ; le soldat étoit extrêmement fatigué. Bonaparte fait faire halte. Mais les Mamloùks n'ont pas plutôt apperçu l'armée qu'ils se forment en avant de sa droite dans la plaine. Un spectacle aussi imposant n'avoit point encore frappé les regards des Français. La cavalerie des Mamloùks étoit couverte d'armes étincelantes. On voyoit en arriere de sa gauche ces fameuses pyramides dont la masse indestructible a survécu à tant d'empires et brave depuis trente siecles les outrages du temps. Derriere sa droite étoient le Nil, le Caire, le Mokatan, et les champs de l'antique Memphis.

Mille souvenirs se réveillent à la vue de ces plaines où le sort des armes a tant de fois changé la destinée des empires. L'armée, impatiente d'en venir aux mains, est aussitôt rangée en ordre de bataille. Les dispositions sont les mêmes qu'au combat de Chebreisse. La ligne formée dans l'ordre par échelons et par divisions qui se flanquoient refusoit sa droite. Bonaparte ordonne à la ligne de s'ébranler ; mais les Mamloùks, qui jusqu'alors avoient paru indécis, préviennent l'exécution de ce mouvement, menacent le centre,

2.

et se précipitent avec impétuosité sur les divisions Desaix et Regnier qui formoient la droite. Ils chargent intrépidement ces colonnes, qui, fermes et immobiles, ne font usage de leur feu qu'à demi-portée de la mitraille et de la mousqueterie; la valeur téméraire des Mamloùks essaie en vain de renverser ces murailles de feu, ces remparts de baïonnettes. Leurs rangs sont éclaircis par le grand nombre de morts et de blessés qui tombent sur le champ de bataille; et bientôt ils s'éloignent en désordre sans oser entreprendre une nouvelle charge.

Pendant que les divisions Desaix et Regnier repoussoient avec tant de succès la cavalerie des Mamloùks, les divisions Bon et Menou, soutenues par la division Kleber, commandée par le général Dugua, marchoient au pas de charge sur le village retranché d'Ambabé. Deux bataillons des divisions Bon et Menou, commandés par les généraux Rampon et Marmont, sont détachés avec ordre de tourner le village et de profiter d'un fossé profond pour se mettre à couvert de la cavalerie de l'ennemi, et lui dérober leurs mouvements jusqu'au Nil.

Les divisions, précédées de leurs flanqueurs, continuent de s'avancer au pas de charge. Les Mamloùks attaquent sans succès les pelotons de flanqueurs; ils font jouer et démasquent quarante

mauvaises pieces d'artillerie. Les divisions se précipitent alors avec plus d'impétuosité, et ne laissent pas à l'ennemi le temps de recharger ses canons. Les retranchements sont enlevés à la baïonnette; le camp et le village d'Embabé sont au
pouvoir des Français. Quinze cents Mamloùks à
cheval et autant de Fellâhs, auxquels les généraux
Marmont et Rampon ont coupé toute retraite en
tournant Embabé, et prenant une position retranchée derriere un fossé qui joignoit le Nil, font en
vain des prodiges de valeur : aucun d'eux ne veut
se rendre, aucun d'eux n'échappe à la fureur du
soldat; ils sont tous passés au fil de l'épée, ou
noyés dans le Nil. Quarante pieces de canon, quatre cents chameaux, les bagages et les vivres de
l'ennemi, tombent entre les mains du vainqueur.

Mourad bey, voyant le village d'Embabé emporté, ne songe plus qu'aux moyens d'assurer sa
retraite. Déja les divisions Desaix et Regnier avoient
forcé sa cavalerie de se replier; l'armée, quoi-
qu'elle marchât depuis deux heures du matin et
qu'il en fût six du soir, le poursuit encore jusqu'à
Gizeh. Il n'y avoit plus de salut pour lui que dans
une prompte fuite; il en donne le signal, et l'armée prend position à Gizeh après dix-neuf heures
de marche ou de combats.

Jamais victoire aussi importante ne coûta moins
de sang aux Français; ils n'eurent à regretter
dans cette journée que dix hommes tués et envi-

ron trente blessés. Jamais avantage ne fit mieux sentir la supériorité de la tactique moderne des Européens sur celle des Orientaux, du courage discipliné sur la valeur désordonnée.

Les Mamloùks étoient montés sur de superbes chevaux arabes richement harnachés ; ils portoient les plus brillantes armures ; leurs bourses étoient pleines d'or, et leurs dépouilles dédommagerent le soldat des fatigues excessives qu'il venoit de supporter. Il y avoit quinze jours qu'il n'avoit pour toute nourriture qu'un peu de légumes sans pain ; les vivres trouvés dans le camp des ennemis lui firent faire un repas délicieux.

La division Desaix a ordre de prendre position en avant de Gizeh, sur la route du Fayoum ; la division Menou passe pendant la nuit une branche du Nil, et s'empare de l'isle de Roda. L'ennemi, dans sa fuite, brûloit tous les bâtiments qui ne pouvoient remonter le Nil. Toute la rive étoit en feu.

Le lendemain matin, 4 thermidor, les grands du Caire se présentent sur le Nil, offrant de remettre la ville au pouvoir des Français. Ils étoient accompagnés du kiâyâ du pâchâ. Ibrahim bey, qui avoit abandonné le Caire pendant la nuit, avoit emmené le pâchâ avec lui. Bonaparte les reçoit à Gizeh ; ils demandent protection pour la ville, et protestent de sa soumission. Bonaparte leur répond que le désir des Français est de rester les amis du peuple égyptien , et de la Porte-Ottomane ; que les mœurs, les usages et la religion du pays seront scrupuleusement respectés. Ils retournent au Caire , accompagnés d'un détachement commandé par un officier français. Le peuple avoit profité de la défaite et de la fuite des Mamloùks pour se porter à quelques excès : la maison de Mourâd bey avoit été pillée et brûlée ; mais les chefs font des proclamations , la force armée paroît , et l'ordre se rétablit.

Le 7 thermidor , Bonaparte porte son quartier-général au Caire. Les divisions Regnier et Menou prennent position au vieux Caire, les divisions Bon et Kleber à Boulac ; un corps d'observation est placé sur la route de Syrie , et la division Desaix reçoit l'ordre de prendre une position retranchée , à trois lieues en avant d'Embabé , sur la route de la haute Egypte.

Combat de Salehieh.
Ibrâhym bey est chassé d'Egypte.

Au moment où les Français étoient entrés au Caire, l'armée des Mamloùks s'étoit séparée en deux corps ; l'un, commandé par Mourâd bey , suivoit la route de la haute Egypte; l'autre, sous les ordres d'Ibrâhym bey , avoit pris la route de Syrie. C'étoit entre ces deux beys que l'autorité de l'Égypte étoit partagée. Mourâd bey étoit à la tête du militaire, Ibrâhym bey dirigeoit la partie administrative.

Desaix, chargé de poursuivre le premier, et de le tenir en échec, établit un camp retranché à quatre lieues en avant de Gisha, sur la rive gauche du Nil. Ses avant-postes et ceux de Mourâd bey étoient en présence les uns des autres.

Ibrâhym bey s'étoit retiré à Belbeys, où il attendoit le retour de la caravanne de la Mekke ; son intention étoit de profiter du renfort des Mamloùks qui escortoient cette caravanne, pour exécuter un plan d'attaque combiné avec Mourâd bey et les Arabes. Il mettoit provisoirement tout en œuvre pour soulever les fellâhs du Delta, et pousser les habitants du Caire à la révolte.

L'armée avoit beaucoup souffert de la marche, des chaleurs excessives, de la mauvaise nourriture ; elle avoit besoin de repos avant de se mettre à la poursuite des Mamloùks, et de les chasser entièrement de l'Égypte. Bonaparte sentoit d'ailleurs la nécessité d'organiser un gouvernement provisoire pour la capitale et le reste du pays, d'assurer la subsistance du peuple et de l'armée, d'organiser tous les services, et de se mettre, par des positions retranchées, à l'abri de toute surprise, soit de la part des Mamloùks, soit de la part des habitants.

Cependant comme le voisinage d'Ibrâhym bey étoit le plus dangereux, le général de brigade

Leclerc reçut ordre de partir du Caire le 15 thermidor, avec trois cents hommes de cavalerie, trois compagnies de grenadiers, un bataillon et deux pieces d'artillerie légere, d'aller prendre position à Elkanka, et d'observer Ibrâhym bey.

Le 16 il est attaqué par quatre mille Mamloùks et Arabes, que plusieurs décharges d'artillerie mettent en fuite.

La tranquillité du pays tenoit à l'éloignement des Mamloùks, et sur-tout à celui d'Ibrâhym bey. Bonaparte s'empresse donc de pourvoir aux besoins les plus urgents, d'établir les bases les plus essentielles de la nouvelle administration, et se dispose à marcher contre Ibrâhym bey en personne. Il laisse au Caire la division Bon, et les hommes des autres divisions qui ont encore besoin de repos.

Le 20 thermidor, l'armée composée des trois divisions, Bon, Regnier et Menou, part du Caire pour joindre Ibrâhym bey, lui livrer bataille, détruire son corps, et le chasser de l'Egypte; elle se réunit à l'avant-garde du général Leclerc, et couche le 22 à Belbeis. Ibrâhym bey n'avoit pas cru prudent de l'attendre, et fuyoit vers Salehie.

L'armée étoit à quelques lieues de ce village, lorsqu'on apperçut dans le désert une caravanne escortée par une troupe d'Arabes. La cavalerie se porte aussitôt en avant, met les Arabes en

fuite , et arrête la caravanne. C'étoit celle de
la Mekke. La plus grande partie de ceux qui la
composoient s'étoit réunie à Ibrâhym bey , qui
emmenoit avec lui une foule de marchands avec
leurs marchandises ; il avoit consenti que le
reste prît la route du Caire , sous l'escorte de
quelques Arabes payés par les marchands. Mais
à peine cette portion de la caravanne avoit-elle
été abandonnée par les Mamloùks , que les Arabes
qui devoient l'escorter et la protéger pillerent
eux-mêmes toutes les marchandises , sous prétexte que les marchands ne pouvoient éviter d'être
pillés par les Français. Il ne restoit plus sous leur
conduite qu'environ six cents chameaux chargés
d'hommes , de femmes et d'enfants , que Bonaparte
fit conduire au Caire , sous une escorte de troupes
françaises.

Dans presque tous les villages que l'armée traverse , on rencontre des individus qui faisoient
partie de la caravanne , et avoient pris la fuite ;
Bonaparte les rassure , leur promet sûreté et protection ; et , pour leur prouver que les promesses
des Français ne ressemblent en rien à celles des
Arabes , à peine est-il arrivé au village arabe
de Coreid , qu'il fait arrêter le Cheykh , et le met
en présence d'un des principaux marchands avec
lesquels il avoit traité de l'escorte qui les avoit
pillés. Le Cheykh , menacé d'être fusillé , retrouve
à l'instant la plus grande partie des objets volés ,

et restitue aux marchands leurs femmes et leurs esclaves.

L'armée continuoit sa marche à grandes journées pour atteindre Ibrâhym bey. Le 24, à quatre heures après-midi, l'avant-garde, composée d'environ trois cents hommes de cavalerie, arrive en vue de Salehie. Au moment où la tête de l'avant-garde entroit dans le village, Ibrâhym bey surpris fuyoit à la hâte, couvrant son arriere-garde d'environ mille Mamloùks.

L'infanterie française étoit encore à une lieue et demie de distance, les chevaux étoient harassés de fatigue, des nuées d'Arabes couvroient la plaine, attendant l'issue du combat pour tomber sur les vaincus. La seule arriere-garde d'Ibrahym bey étoit trois fois plus nombreuse que l'avant-garde des Français. Malgré l'infériorité du nombre, Bonaparte, à la tête de cette avant-garde, poursuit Ibrahym dans le 'désert. Deux cents braves, tant du septieme régiment d'hussards, que du vingt-deuxieme de chasseurs, et des guides à cheval, chargent avec impétuosité l'arriere-garde des Mamloùks, et s'ouvrent un passage à travers leurs rangs; mais ce succès même augmente leurs dangers, ils se trouvent au milieu d'une masse cinq fois plus nombreuse qu'eux. La valeur supplée au nombre; ils combattent comme des lions et en désespérés; les Mamloùks sans cesse repoussés ne combattent plus qu'en s'éloignant et pour protéger leur retraite. Ils abandonnent dans leur fuite deux mauvaises pieces de canon et quelques chameaux. Mais Ibrahym bey parvient à sauver avec lui ses équipages, dans lesquels étoient ses femmes, celles de ses Mamloùks, ses trésors et les plus riches marchandises de la caravanne. Il avoit disparu quand l'infanterie française arriva au village de Solahie, où elle prit position. Ibrahym continue de fuir vers la Syrie; il avoit pour neuf jours de route, à travers le désert, avant d'y être rendu.

Cet avantage a coûté à la république une vingtaine de braves tués dans les rangs ennemis. Parmi les officiers qui ont chargé à la tête de la cavalerie, et soutenu par leur exemple la valeur du soldat, le chef de brigade Destrées, qui a reçu plusieurs blessures graves; l'adjudant-général Leturq; le chef de brigade Lasalle; les aides-de-camp Duroc et Sulkouski; l'adjudant Arrighi, méritent d'être distingués.

Bonaparte détermine avec le général Caffarelli, commandant le génie, les fortifications nécessaires à la défense de Salehie et de Belbeis. La division Dugua reçoit ordre de se porter sur Damiette, pour en prendre possession, et soumettre le Delta. La division Regnier reste en position à Salehie, pour soumettre la province de Charkié, et Bonaparte reprend avec le reste des troupes le chemin du Caire, où il arrive le 27. Il reçoit sur la route la nouvelle et les détails du combat naval d'Aboukir.

L'Egypte, pour être entièrement affranchie du despotisme des Mamloùks, n'offroit plus d'ennemi à combattre que Mourad bey. Le général Desaix reçoit l'ordre de se mettre en mouvement pour le poursuivre. Les provinces de l'Egypte sont commandées par des généraux français ; les autorités civiles y sont organisées et y remplacent le gouvernement monstrueux qui la tyrannisoit. Déja Bonaparte peut réaliser une partie de ses promesses, et prouver au pays qu'il vient de soumettre, que les Français n'avoient en effet d'autres ennemis que ses oppresseurs, d'autre ambition que celle d'être ses libérateurs.

L'armée marche en Syrie. Affaire de él-A'rych. Bataille du Mont-Thabor. Prise de Ghazah et de Jaffa.

La conduite politique et militaire de Bonaparte depuis son entrée en Egypte avoit pour but de rendre à la civilisation et à leur antique splendeur ces contrées jadis si florissantes. Mais en même temps qu'il travailloit à l'affranchissement des peuples et à l'expulsion de leurs tyrans, il n'avoit négligé aucune occasion de convaincre la Porte du desir qu'avoit la république française de conserver l'amitié qui subsistoit entre les deux puissances. La cour ottomane avoit de justes sujets de plainte contre les beys d'Egypte, dont les révoltes et les usurpations ne lui avoient laissé qu'une ombre de souveraineté dans cette province. Les Français eux-mêmes en avoient reçu de fréquents outrages. Punir ces usurpateurs, c'étoit donc venger et servir à-la-fois la France, la Porte ottomane, et l'Egypte.

Les établissements de commerce que Bonaparte vouloit former devoient enrichir les habitants, faire de l'Egypte l'entrepôt du commerce de l'Europe et de l'Asie, augmenter les revenus du grand-seigneur, devenir pour la France et les puissances méridionales une source de prospérité, et ruiner dans l'Inde le commerce des Anglais, contre lesquels cette expédition étoit plus particulièrement dirigée.

La Porte une fois éclairée sur le but de l'entrée des Français en Egypte et sur leurs projets ultérieurs ne devoit voir qu'avec plaisir une expédition qui devoit lui être si avantageuse. Dans cette conviction, Bonaparte n'avoit cessé de se conduire avec la Porte ottomane comme envers l'amie et l'alliée fidele de la France.

A la prise de Malte, il avoit trouvé dans les cachots de l'ordre un grand nombre d'esclaves turcs; ils furent aussitôt mis en liberté et renvoyés à Constantinople.

Depuis l'entrée des Français en Egypte, les agents de la Porte étoient respectés; le pavillon turc flottoit avec le pavillon français. Une cara-

velle turque se trouvoit dans le port d'Alexandrie,
ainsi que quelques bâtiments de commerce. Bonaparte assure le capitaine de la protection et de
l'amitié des Français. Cette caravelle reçoit un
ordre du grand-seigneur de quitter Alexandrie
pour se rendre à Constantinople : c'étoit l'époque
où tous les bâtiments turcs ont coutume de quitter
l'Egypte. Bonaparte, après avoir fait accepter un
présent au capitaine de la caravelle, le charge de
prendre à son bord le citoyen Beauchamp, porteur
de dépêches pour la Porte ottomane.

Cet envoyé étoit chargé de protester de nouveau des dispositions pacifiques et amicales du
gouvernement français envers le grand-seigneur,
de faire connoître à la Porte les sujets de mécon-
tentement que Bonaparte avoit contre Ahmed-
Djezzâr, pâchâ d'Acre, et de déclarer que le
châtiment qu'il lui réservoit, s'il continuoit à se
mal conduire, ne devoit donner aucun ombrage,
aucune inquiétude à l'empire ottoman. Ce pâchâ,
que ses cruautés avoient fait nommer Djezzâr
(le boucher), étoit regardé comme un monstre
de férocité par les barbares les plus sanguinaires
de l'Orient.

Ibrâhym bey, après l'affaire de Salehié, s'étoit
retiré avec mille Mamloùks et ses trésors vers
Ghazah; il avoit reçu de Djezzâr le plus favorable
accueil. Non seulement ce pacha continuoit d'ac-
corder asyle et protection aux Mamloùks, il

menaçoit encore les frontieres de l'Egypte par des dispositions hostiles. Bonaparte, qui vouloit éviter de donner le moindre ombrage à la Porte, dépêcha par mer à Djezzâr un officier chargé d'une lettre dans laquelle il assuroit le pâchâ que les Français desiroient conserver l'amitié du grand-seigneur, et vivre en paix avec lui; mais il exigeoit que Djezzâr éloignât Ibrâhim bey et ses Mamloùks, et ne leur accordât aucun secours.

Le pâchâ n'avoit fait aucune réponse à Bonaparte. Il avoit renvoyé l'officier avec arrogance; les Français étoient mis aux fers à Saint-Jean-d'Acre.

L'armée ne recevoit aucune nouvelle d'Europe. Depuis le funeste combat d'Aboukyr, les ports de l'Egypte étoient bloqués par les Anglais. Bonaparte n'avoit aucuns renseignements officiels sur les résultats de la négociation que le directoire avoit dû entamer avec la Porte ottomane relativement à l'expédition d'Egypte; mais tous les rapports de l'intérieur annonçoient que le ministere anglais avoit su profiter de la victoire d'Aboukyr pour entraîner la Porte dans son alliance et celle de la Russie contre la république française. Bonaparte jugea que, si la Porte cédoit aux suggestions de ses ennemis naturels, il y auroit une opération combinée contre l'Egypte, et qu'il seroit attaqué par mer et par la Syrie. Il n'y avoit

pas un moment à perdre pour prendre un parti :
Bonaparte se décide.

Marcher en Syrie, châtier Djezzar, détruire
les préparatifs de l'expédition contre l'Egypte,
dans le cas où la Porte se seroit unie aux ennemis
de la France ; lui rendre au contraire la nomina-
tion du pâchâ de Syrie, et son autorité primitive
dans cette province, si elle restoit l'amie de la
république ; revenir en Egypte aussitôt après pour
battre l'expédition par mer ; expédition qui, vu
les obstacles qu'opposoit la saison, ne pouvoit
avoir lieu avant le mois de messidor : tel est le
plan auquel Bonaparte s'arrête et qu'il va exécuter.

Aussitôt après son retour au Caire, il avoit envoyé contre l'armée de Mourâd bey, qui se tenoit
dans la haute Egypte, le général Desaix et sa
division qui obtenoient chaque jour de nouveaux
succès.

Après avoir ainsi éloigné les ennemis, Bonaparte songe à organiser le gouvernement des provinces de l'Egypte. Il établit un dyvân dans chacune d'elles, et fait jouir le peuple de la plus belle
prérogative de la liberté, celle de concourir à
l'élection de ses magistrats. Il forme un systême
de guerre jusqu'alors inconnu contre les Arabes,
qui de tous temps ont désolé ces belles contrées.
Il arrête une nouvelle répartition d'impôts plus
utile au fisc et moins onéreuse au peuple ; il porte

la plus sévere économie dans la partie administrative de l'armée ; il établit une compagnie de commerce dans la vue de faciliter l'échange et la cir-
culation de toutes les denrées. Il avoit formé un
institut au Caire ; il y établit une bibliotheque ,
et fait construire un laboratoire de chymie. Un
grand attelier est ouvert pour les arts mécaniques.
Déja la fabrication du pain et celle des liqueurs
fermentées est perfectionnée ; on épure le sal-
pêtre , on construit de nouvelles machines hy-
drauliques.

Pendant que Bonaparte sembloit recréer la ville
du Caire , des savants voyageoient par son ordre
dans l'intérieur de l'Egypte , et y faisoient les reconnoissances , les découvertes les plus importantes pour la géographie , l'histoire , et la phy-
sique.

Le général Andréossy avoit reçu l'ordre de soumettre le lac Menzaléh , les Bouches Pélusiaques ,
et d'en faire la reconnoissance , tant sous le rapport militaire que sous le rapport des sciences.

Il sonde , le 2 vendémiaire , la rade de Damiette , de Bougafic , et du cap Bougan , ainsi que
l'embouchure du Nil , afin de déterminer les
passes du Bocaze et la forme de la barre. Il part
de Damiette , le 11 à deux heures du matin , avec
deux cents hommes et quinze d'jermes conduites
par des reis du Nil. Trois de ces d'jermes sont armées d'un canon. Il passe le Bocaze à sept heures,

longe la côte, et prend position à trois heures après midi à la bouche de Bibéh, où il fait les mêmes opérations qu'à l'embouchure du Nil. Le 12, il pénetre dans le lac jusqu'à cinq lieues; il vouloit gagner Matariéh, mais les reis, intimidés par l'apparition subite d'environ cent trente djermes chargées d'Arabes embarqués à Matariéh, le conduisent vers Menzaléh. Tombé sous le vent, il est attaqué et poursuivi; mais, malgré la supériorité du nombre, l'ennemi est obligé de se retirer avec perte. Il se rejette alors sur Damiette, et mouille devant Minié à neuf heures du soir. La nuit du 14 au 15, il est attaqué avec plus d'acharnement, et pas avec plus de succès. Le 16, il se porte sur Menzaléh, et le 17 sur les isles de Matariéh.

Il mouille le 20 à l'isle de Tourna, le 24 à celle de Tumis, le 25 à la bouche d'Omm - Faredge, et il arrive le 28 sur les ruines de Tinéh, de Peluse, de Farouna; il part le 29, et se dirige sur le canal de Moës où il pénetre; le 30, il visite San, et releve Saléhié, prend des renseignements précis sur le canal de ce nom, et repart le même jour pour Menzaléh et Damiette, où il arrive le 2 brumaire, après avoir terminé la reconnoissance, les sondes, la carte du lac pour la construction de laquelle il avoit fait mesurer à la chaîne une étendue de plus de 45,000 toises.

3.

Le général Andréossy, revenu au Caire, repart aussitôt avec le citoyen Berthollet, pour reconnoître les lacs de natron. Il se rend, escorté de quatre-vingts hommes, à Terranéh, d'où il part dans la nuit du 3 au 4; après quatorze heures de marche, il arrive aux lacs Natron, situés dans une vallée qui a plus de deux lieues de large, et dont la direction est de quarante-quatre degrés ouest; ces lacs comprennent une étendue d'environ six lieues. Trois couvents cophtes, dont un isolé, sont situés dans la vallée, vers le sommet de la pointe opposée à Terranéh.

Le 4, il visite les lacs, il se rend au *Fleuve sans eau*. C'est une grande vallée encombrée de sables, adjacente à celle des natrons, et dont le bassin a près de trois lieues d'un bord à l'autre. Il y trouve de grands corps d'arbres entièrement pétrifiés : le même jour il va bivouacquer au quatrieme couvent, qui est dans la direction de Wardan; dans la vallée du lac de natron on rencontre quelques sources de très bonne eau. Le natron y est d'une bonne qualité, et peut faire une branche de commerce très importante.

Tous les savants qui ont accompagné Bonaparte sont employés à des travaux analogues à leurs talents et à leurs connoissances. Nouet et Mechain déterminent la latitude d'Alexandrie, celle du Caire, de Salèhié, de Damiette, et de Suez.

Lefevre et Malus font la reconnoissance du canal de Moës; le premier avoit accompagné avec

Bouchard le général Andréossy dans la reconnoissance du lac Menzaléh.

Peyre et Girard font le plan d'Alexandrie;
Lanorey fait la reconnoissance d'Abou-Ménedgé;
il est de plus chargé de diriger les travaux du canal d'Alexandrie.

Geoffroy examine les animaux du lac Menzaléh,
et les poissons du Nil; Delisle, les plantes qui se
trouvent dans la basse Egypte.

Arnolet et Champy fils sont chargés d'observer
les minéraux de la mer rouge, et d'y faire des
reconnoissances.

Girard est chargé d'un travail sur tous les canaux
de la haute Egypte.

Denon voyage dans le Fayoum et dans la haute
Egypte pour en dessiner les monuments. La pas-
sion des sciences et des arts lui fait surmonter tous
les obstacles, et braver des périls et des fatigues
sans nombre.

Conté dirige l'attelier destiné aux arts mécaniques; il fait construire des moulins à vent, et
une infinité de machines inconnues en Egypte.

Savigny fait une collection des insectes du désert et de la Syrie.

Beauchamp et Nouet dressent un almanach,
contenant cinq calendriers, celui de la république
française, et ceux des églises romaine, grecque,
cophte, et musulmane.

Costard redige un journal. Fournier, secrétaire
de l'institut, est commissaire près le dyvân.

Berthollet et Monge sont à la tête de tous ces travaux, de toutes ces entreprises ; on les retrouve par-tout où il se forme des établissements utiles, où il se fait des découvertes importantes.

Tandis qu'on fait les préparatifs de l'expédition de Syrie, Bonaparte s'associe aux travaux des savants, et assiste exactement aux séances de l'institut, où chacun d'eux rend compte de ses opérations. Il veut aller visiter lui-même l'isthme de Suez, et résoudre l'un des problêmes les plus importants et les plus obscurs de l'histoire ; il se disposoit à cet intéressant voyage, lorsqu'un évènement fâcheux et inattendu le força d'ajourner ses projets.

La plus grande tranquillité n'avoit cessé de régner dans la ville du Caire ; les notables de toutes les provinces délibéroient avec calme, et d'après les propositions des commissaires français, Monge et Berthollet, sur l'organisation définitive des dyvâns, sur les lois civiles et criminelles, sur l'établissement et la répartition des impôts, et sur divers objets d'administration et de police générale. Tout-à-coup des indices d'une sédition prochaine se manifestent. Le 3o vendémiaire, à la pointe du jour, des rassemblements se forment dans divers quartiers de la ville, et sur-tout à la grande mosquée. Le général Dupuy, commandant de la place, s'avance à la tête d'une foible escorte pour les dissiper ; il est assassiné avec plusieurs officiers et quelques dragons, au milieu de l'un de ces attroupements. La sédition devient aussitôt générale, tous les Français que les révoltés rencontrent sont égorgés ; les Arabes se montrent aux portes de la ville.

La générale est battue ; les Français s'arment et se forment en colonnes mobiles, ils marchent contre les rebelles avec plusieurs pieces de canon. Ceux-ci se retranchent dans leurs mosquées, d'où ils font un feu violent ; les mosquées sont bientôt enfoncées ; un combat terrible s'engage entre les assiégeants et les assiégés ; l'indignation et la vengeance doublent la force et l'intrépidité des Français. Des batteries placées sur différentes hauteurs, et le canon de la citadelle, tirent sur la ville ; le quartier des rebelles et la grande mosquée sont incendiés.

Les Chéryfs et les principaux du Caire viennent enfin implorer la générosité des vainqueurs, et la clémence de Bonaparte ; un pardon général est aussitôt accordé à la ville, et le 2 brumaire l'ordre est entièrement rétabli. Mais, pour prévenir dans la suite de pareils excès, la place est mise dans un tel état de défense, qu'un seul bataillon suffit pour la mettre à l'abri des mouvements séditieux d'une population nombreuse. Des mesures sont prises aussi pour la garantir à l'extérieur contre toute entreprise de la part des Arabes.

Bonaparte, après avoir imprimé à tout le pays

la terreur de ses armes, continue de suivre ses plans d'administration intérieure, sans oublier ce qu'il doit à l'intérêt des sciences, du commerce, et des arts.

Le général Bon reçoit ordre de traverser le désert à la tête de quinze cents hommes, et avec deux pieces de canon, et de marcher vers Suez, où il entre le 17 brumaire.

Bonaparte, accompagné d'une partie de son état-major, des membres de l'institut, Monge, Berthollet, Costart, Bourrienne, et d'un corps de cavalerie, part lui-même du Caire le 4 nivose, et va camper à Birkel-el-Hades, ou Lac des Pélerins; le 5 il bivouaque à dix lieues dans le désert; le 6 il arrive à Suez; le 7 il reconnoît la côte et la ville, et ordonne les ouvrages et les fortifications qu'il juge nécessaires à sa défense.

Le 8, il passe la mer rouge, près de Suez, à un gué qui n'est praticable qu'à la marée basse. Il se rend aux fontaines de Moyse, situées en Asie, à trois lieues et demie de Suez. Cinq sources forment ces fontaines, qui s'échappent en bouillonnant du sommet de petits monticules de sable. L'eau en est douce et un peu saumâtre. On y trouve les vestiges d'un petit aqueduc moderne, qui conduisoit cette eau à des citernes creusées sur le bord de la mer, dont ces fontaines sont éloignées de trois quarts de lieue.

Bonaparte retourne, le soir même, à Suez; mais,

la mer étant haute, il est forcé de remonter la
pointe de la mer rouge ; le guide le perd dans
les marais, et il ne parvient à en sortir qu'avec
la plus grande peine, ayant de l'eau jusqu'à la
ceinture.

Les magasins de Suez indiquent assez que cette
ville a été l'entrepôt d'un commerce considérable ;
les barques seules peuvent maintenant arriver au
port, mais des frégates peuvent mouiller auprès
d'une pointe de sable qui s'avance à une lieue
dans la mer. Cette pointe est découverte à la marée basse, et il seroit possible d'y construire une
batterie qui protégeroit le mouillage, et défen-
droit la rade.

Bonaparte encourage le commerce par plusieurs
établissements utiles ; il le rassure contre les
exactions auxquelles le livroient et les Mamloùks
et les pâchâs. Une nouvelle douane, dont les
droits sont moins forts que ceux de l'ancienne,
remplace celle qui existoit avant son arrivée. Il
prend des mesures pour assurer et garantir le
transport de Suez au Caire et à Belbeis ; enfin ses
dispositions sont telles, qu'elles doivent rendre à
Suez, dans peu de temps, son ancienne splendeur.

Quatre bâtiments de Djedda arrivent dans cette
ville pendant le séjour qu'y fait Bonaparte. Les
Arabes de Tot viennent aussi demander l'amitié
des Français. Bonaparte quitte Suez le 10 nivose,

côtoyant la mer rouge au nord. A deux lieues et demie de cette ville il trouve les restes de l'entrée du canal de Suez ; il le suit pendant quatre lieues. Le même jour , il couche au fort d'Adgerond ; le 11 , à dix lieues dans le désert ; et le 12 , à Belbeis. Le 14, il se porte dans l'oasis d'Houareb , où il retrouve les vestiges du canal de Suez , à son entrée sur les terres cultivées et arrosées de l'Égypte.

Il le suit l'espace de plusieurs lieues , et, satisfait de cette double reconnoissance , il donne ordre au citoyen Peyre , ingénieur , de se rendre à Suez , et d'en partir avec une escorte suffisante pour lever géométriquement , et niveler tout le cours du canal ; opération qui va résoudre enfin le problême de l'existence d'un des plus grands et des plus importants travaux du monde.

De retour à Suez , Bonaparte apprend que Djezzar , pâchâ de Syrie , s'étoit emparé du fort de êl-A'rych , qui défendoit les frontieres de l'Égypte. Ce fort , situé à deux journées de Cathié , et à dix lieues dans le désert , étoit même occupé par l'avant-garde du pâchâ. Ces mouvements hostiles ne laissoient aucun doute sur les intentions de Djezzar , et de la Porte , qui venoit de déclarer la guerre à la France.

Certain d'être attaqué , il ne restoit plus à Bonaparte d'autre parti à prendre que celui de déconcerter les plans de ses nouveaux ennemis en les prévenant. Il quitte Suez sur-le-champ pour se rendre au Caire. Il passe par Salahieh, ou se trouvoient les troupes destinées à former l'avant-garde de l'expédition de Syrie ; il met cette avant-garde en mouvement, et continue sa route vers le Caire, marchant jour et nuit. Aussitôt qu'il y est rendu, il réunit l'armée qui doit le suivre.

Elle est composée de la division du général Kleber, qui a sous ses ordres les généraux Verdier et Junot, une partie des deux demi-brigades d'infanterie légere, et des vingt-cinquieme et soixante-quinzieme de ligne ;

De la division du général Regnier, ayant sous ses ordres le général Lagrange, la neuvieme et la quatre-vingt-cinquieme demi-brigade de ligne ;

De celle du général Lasnes, ayant sous ses ordres les généraux Vaux, Robin, et Rambeau, avec une partie de la vingt-deuxieme demi-brigade d'infanterie légere, et de la treizieme et soixante-neuvieme de ligne ;

De celle du général Bon, ayant sous ses ordres les généraux Rampon, Vial, et une partie des quatrieme demi-brigade d'infanterie légere, dix-huitieme et vingt deuxieme demi-brigades de ligne ;

De celle du général Murat, avec neuf cents hommes de cavalerie, et quatre pieces de quatre.

Le général Daumartin commande l'artillerie, et le général Caffarelli le génie.

Le parc d'artillerie est composé de quatre

pieces de douze , trois de huit , cinq obusiers , et trois mortiers de cinq pouces.

L'artillerie de chaque division est·composée de deux pieces de huit, deux obusiers de six pouces, et deux pieces de trois.

On attache aux guides à cheval et à pied quatre pieces de huit, et deux obusiers de six pouces; ces différents corps forment une armée d'environ dix mille hommes.

La dix-neuvieme demi-brigade, les troisiemes bataillons des demi-brigades de l'expédition de Syrie, la légion nautique, les dépôts du corps de cavalerie, la légion maltaise, sont répartis dans les villes d'Alexandrie, de Damiette, et du Caire, pour les garnisons et les colonnes mobiles destinées à protéger contre les Arabes, et à retenir dans l'obéissance, les provinces de la basse Egypte.

Le général Desaix continuoit d'occuper la haute Egypte avec sa division.

Le commandement de la province du Caire est remis entre les mains du général Dugua ; les autres sont confiés aux généraux Beillard, Lanusse, Zayonscheck, Fugieres, Leclerc, et à l'adjudant-général Almeyrac. Le citoyen Poussiegue, administrateur-général des finances, reste au Caire ; le payeur-général de l'armée, nommé Estire, jeune homme recommandable sous tous les rapports, suit l'expédition.

Le commandement d'Alexandrie étoit très important. Il ne pouvoit être confié qu'à un officier actif, qui réunît les connoissances de l'artillerie à celles du génie, et des autres parties militaires. Cette place, par l'éloignement du général en chef, devenoit presque indépendante sous les rapports militaires et administratifs. Les Anglais étoient en présence, et des symptomes de peste commençoient à s'y manifester. Le choix du général en chef tomba sur le général de brigade Marmont.

Bonaparte ordonne à l'adjudant-général Almeyrác, qu'il charge du commandement de Damiette, de presser les travaux des fortifications, et de faire embarquer des vivres et munitions pour l'armée de Syrie, en profitant de la navigation du lac Menzaléh, et du port de Tuict, d'où l'on devoit les transporter dans les magasins établis à Cathiéh, à cinq heures de marche.

L'armée avoit besoin de quelques pieces de siege pour battre la place d'Acre, en cas de résistance. Les difficultés du désert en rendoient le transport impraticable par terre. Les charger sur quelques frégates mouillées dans la rade d'Alexandrie, et braver la croisiere anglaise, étoit un projet audacieux sans doute, mais sans audace marche-t-on à la victoire?

Bonaparte ordonne au contre-amiral Perrée d'embarquer à Alexandrie l'artillerie de siege dont il avoit besoin, d'appareiller avec *la Junon, la*

Courageuse, et *l'Alceste*, de croiser devant Jaffa, et de se mettre en communication avec l'armée. Il calcule et détermine l'époque à laquelle il doit arriver.

On rassemble au Caire, en toute diligence, les mulets et les chameaux qui doivent transporter le parc d'artillerie, les vivres, les munitions, et tout ce qui est nécessaire à une armée qui traverse le désert.

Le général Kleber reçoit l'ordre de s'embarquer, avec sa division, à Damiette. Les Français s'étoient rendus maîtres de la navigation du lac Menzaléh. Bonaparte ordonne à Kleber de se rendre par ce lac à Tinéh, et de là à Cathiéh, de maniere à y arriver le 16 pluviose.

Le général Regnier étoit parti de Belbeis, avec son état-major, le 4 pluviose, pour se rendre à Salahiéh, qu'il avoit quitté le 14, afin d'arriver le 16 à Cathiéh, où il rejoint son avant-garde ; il en part le 18, et prend la route de êl-A'rich. Ce village et le fort étoient occupés par deux mille hommes de troupes du pâchâ d'Acre.

Le général Lagrange, avec deux bataillons de la quatre-vingt-cinquieme demi-brigade, un bataillon de la soixante-quinzieme, et deux pieces de canon, formoit l'avant-garde du général Regnier. Le 20 pluviose, il apperçoit, en approchant des fontaines de Massoudiac, un parti de Mamloùks, auxquels ses tirailleurs donnent la chasse. Il arrive le soir au bois des Palmiers, près de la mer, en avant de êl-A'rich. Le 21, il se porte avec rapidité sur les montagnes de sable qui dominent êl-A'rich ; il y prend position, et y place son artillerie.

Le général Regnier fait battre la charge ; à l'instant l'avant-garde se précipite de droite et de gauche sur le village que Regnier attaquoit de front. Malgré la position favorable de l'ennemi dans ce village situé en amphithéâtre, bâti en maisons de pierres crénelées, et soutenu par le fort ; malgré la vivacité du feu, et la résistance la plus opiniâtre, le village est enlevé à la baïonnette ; l'ennemi se retire dans le fort, et barricade les portes avec tant de précipitation, qu'il abandonne environ trois cents hommes qui sont tués ou faits prisonniers.

Dès le soir, le blocus du fort de êl-A'rych est formé par le général Regnier. Ce jour-là même on avoit signalé sur la route de Gaza un corps de cavalerie et d'infanterie, qui escortoit un convoi destiné à l'approvisionnement de êl-A'rych. Ce renfort s'augmente et se grossit jusqu'au 25, où l'ennemi, devenu audacieux par la supériorité que lui donne sa cavalerie, vient camper à une demi-lieue de êl-A'rych, sur un plateau couvert d'un ravin très escarpé, position dans laquelle il se croit inexpugnable.

Cependant le général Kleber arrive avec quel-

ques troupes de sa division. Dans la nuit du 26
au 27, une partie de la division Regnier tourne
le ravin qui couvroit le camp des Mamloùks; elle
se précipite dans le camp, dont elle est bientôt
maître ; tout ce qui ne peut échapper par une
prompte fuite est tué ou fait prisonnier. Une
multitude de chameaux et de chevaux, des provisions de bouche et de guerre, et tous les équipages des Mamloùks tombent au pouvoir des
vainqueurs. Deux beys et quelques kyachefs sont
tués sur le champ de bataille. C'est le surlende-
main de cette glorieuse journée que Bonaparte
parut devant êl-A'rych.

Il étoit encore le 21 au Caire, lorsqu'il reçut
un exprès d'Alexandrie qui lui annonça que, le 15,
la croisiere anglaise, renforcée de quelques bâtiments, bombardoit le port et la ville. Il juge
aussitôt que ce bombardement ne peut avoir
d'autre but que de le détourner de son expédition
de Syrie, dont le mouvement commencé avoit
déja alarmé les Anglais et le pâchâ d'Acre. Il
laisse donc les Anglais continuer leur bombardement, qui n'a d'autre effet que de couler quelques bâtiments de transport, et part le 22 du
Caire, avec son état-major, pour aller coucher
à Belbeis. Le 23, il couche à Coreid ; le 24, à Salahiéh ; le 25, à Kantara, dans le désert ; le 26, à
Cathiéh ; le 27, au puits de Bir-êl-Aju ; le 28, au
puits de Messoudiac ; et le 29 enfin, à êl-A'rych,

où se réunissent en même temps les divisions Bon et Lannes, et le parc de l'expédition.

Le général Regnier avoit fait tirer contre le fort quelques coups de canon, et commencer des boyaux d'approche; mais n'ayant pas assez de munitions pour battre en breche, il avoit sommé le commandant du fort, et resserré le blocus; il avoit aussi fait pousser une mine sous l'une des tours; elle fut éventée par l'ennemi.

Le 3o pluviose, l'armée prend position devant êl-A'rych, sur les monticules de sable, entre le village et la mer. Bonaparte fait canonner une des tours du château, et, dès que la breche est commencée, il somme la place de se rendre.

La garnison étoit composée d'Arnautes, de Maugrabins, tous barbares sans chefs, ne connoissant aucun des usages, aucun des principes professés dans la guerre par les nations policées. Il s'établit une correspondance également bizarre et curieuse, et qui suffit pour peindre ces barbares.

Bonaparte, qui avoit le plus grand intérêt à ménager son armée et ses munitions, se prête patiemment à la bizarrerie de leurs procédés; il differe l'assaut. On continue à parlementer, et à tirer successivement. Enfin, lé 2 ventose, la garnison, forte de seize cents hommes, se rend, et met bas les armes, sous la condition de se retirer à Bahgdhad par le désert. Une partie des Maugrabins prend du service dans l'armée française. On trouve dans le fort environ deux cents cinquante chevaux , deux pieces d'artillerie démontées , et des vivres pour plusieurs jours. Le 3 , Bonaparte fait parir pour le Caire les drapeaux enlevés à l'ennemi , et les Mamloùks faits prisonniers.

Le 4 ventose, le général Kleber , à la tête de sa division et de la cavalerie, part d'èl-A'rych pour se porter sur Kan-Iounes, premier village qu'on trouve dans la Palestine , en sortant du désert.

Le 5, le quartier-général quitte aussi èl-A'rych avec la même destination ; il arrive jusque sur les hauteurs de Kan-Iounes , sans avoir de nouvelles de la division Kleber. Le général en chef pousse quelques hommes de son escorte dans le village : les Français n'y avoient point encore paru ; quelques Mamloùks qui s'y trouvent prennent la fuite , et se retirent au camp d'Abdalla pâchâ , qu'on apperçoit à une lieue de là , sur la route de Ghazah.

Bonaparte n'avoit qu'un simple piquet pour escorte. Convaincu que la division Kleber s'est égarée , il se replie sur Santon , trois lieues en avant de Kan - Iounes , dans le désert. Il y trouve l'avant - garde de la cavalerie. Les guides avoient égaré la division Kleber dans le désert ; mais ce général ayant arrêté quelques Arabes, les avoit forcés de le remettre dans la route d'où il s'étoit éloigné d'une journée de chemin. Sa division arrive le 6, à huit heures du matin, après quarante-huit heures de la marche la plus pénible, sans avoir pu se procurer une goutte d'eau.

Les divisions Bon et Lasnes, qui avoient suivi ses traces, s'égarent également une partie du chemin. Ces trois divisions, qui, d'après les ordres, n'auroient dû arriver que successivement, se réunissent presque en même temps au Santon; les puits sont bientôt à sec. On creuse avec peine pour obtenir un peu d'eau; l'armée, qu'une soif ardente dévore, ne peut obtenir qu'un léger soulagement à ses souffrances et à ses besoins.

La division Regnier étoit restée à êl-A'rych, avec l'ordre d'y attendre que tous les prisonniers de guerre l'eussent évacué, que le fort, qui étoit la clef de l'Egypte, fût mis dans un état de défense respectable, et que le parc d'artillerie fût en marche. Elle devoit former l'arriere-garde de l'armée à deux journées de distance.

Le 6 ventose, le quartier-général et l'armée marchent sur Kan-Jounes.

A une lieue en avant de ce village on voit sur la route quelques colonnes de granit, et quelques morceaux de marbre épars qu'on pourroit prendre d'abord pour les débris d'un ancien monument; mais comme à quelques toises de là on trouve le puits de Reffat, d'une belle construction, et qui donne de l'eau en grande abondance, il est naturel de penser que ces ruines sont les restes d'un karavancerai où s'arrêtoient les karavannes, pour faire de l'eau à l'entrée du désert qui sépare la Syrie de l'Egypte.

L'armée venoit de traverser soixante lieues du désert le plus aride ; car les habitations de Cathiéh et d'él-A'rych ne présentent que des huttes de terre, et quelques palmiers près des puits. Elle éprouva une véritable jouissance à son entrée dans les plaines de Ghazah, et à l'aspect des montagnes de la Syrie.

A l'approche de l'armée, Abdalla, qui étoit campé, avec les Mamloùks et son infanterie, à une lieue de Kan-Jounes, avoit levé son camp, et s'étoit replié sur Ghazah.

Le 7, l'armée part de Kan-Jounes, et marche sur Ghazah. A deux lieues de cette ville on apperçoit un corps de cavalerie qui occupoit la hauteur.

Bonaparte dispose en carré chacune des divisions. Celle du général Kleber forme la gauche, et se dirige sur Ghazah, à la droite de l'ennemi ; le général Bon occupe le centre, et marche vers son front ; la colonne de droite est formée par la division Lasnes, qui se dirige sur les hauteurs, et tourne les positions qu'occupoit Abdalla ; le général Murat, ayant sous ses ordres la cavalerie et six pieces de canon, marchoit en avant de l'infanterie, et se disposoit à charger l'ennemi.

A son approche, la cavalerie d'Abdalla fait plusieurs mouvements qui annoncent de l'indécision dans ses desseins. Elle s'ébranle, et paroît vouloir charger; mais bientôt elle rétrograde, et se retire au galop pour prendre une nouvelle position. Le général Murat pousse des parties, et fait manœuvrer la cavalerie, pour engager les Turks à le charger ou à attendre la charge; mais ils se replient à mesure qu'il avance, et à la nuit ils avoient entièrement disparu; la division Kleber avoit coupé quelques uns de leurs tirailleurs, et en avoit tué une vingtaine.

L'armée se trouvoit à une lieue au-delà de Ghazah; elle prend position sur les hauteurs qui dominent la place, et le quartier-général campe près de cette ville.

Le fort de Ghazah est de forme circulaire, du diametre d'environ quarante toises, et flanqué de tours. Il renfermoit seize milliers de poudre, une grande quantité de cartouches, des munitions de guerre, et quelques pieces de canon. On trouva en outre dans la ville cent mille rations de biscuit, du riz, des tentes, et une grande quantité d'orge.

Les habitants avoient envoyé des députés au-devant des Français; ils sont traités en amis. L'armée séjourne le 8 et le 9 dans la ville. Bonaparte consacre ces deux jours à l'organisation civile et militaire de la place et du pays; il forme un dyvân composé des principaux Turks, habitants de la ville, et part, le 10 ventose, pour Jaffa, où l'ennemi rassembloit ses forces.

Les convois de vivres et de munitions expédiés des magasins de Qatyéh n'avoient pu suivre la marche de l'armée. Ils étoient arriérés de plusieurs jours de marche; mais les magasins que l'ennemi avoit abandonnés à Ghazah mirent l'armée en état de ne pas souffrir de ce retard.

Le désert qui conduit de Ghazah à Jaffa est une plaine immense, couverte de monticules de sable mouvant, que la cavalerie ne parvient à franchir qu'avec beaucoup de difficultés. Les chameaux s'y traînent lentement et péniblement : on est contraint, l'espace d'environ trois lieues, de tripler les attelages de l'artillerie.

L'armée couche le 11 à Esdodec, et le 12 à Ramléh, village habité en grande partie par des Chrétiens ; elle y trouve des magasins de biscuit que l'ennemi n'avoit pas eu le temps d'évacuer : on en trouve également au village de Ledda. Des hordes d'Arabes rodoient autour de ces villages pour les piller; des partis les repoussent et les mettent en déroute. Le 13 ventose, l'avant-garde formée par la division Kleber arrive devant Jaffa. A son approche, l'ennemi se retire dans l'intérieur de la place, et canonne les éclaireurs. Les autres divisions et la cavalerie arrivent quelques heures après.

La cavalerie et la division Kleber ont ordre de couvrir le siege de Jaffa , en prenant position sur la riviere de Lahoya , à deux lieues environ sur la route d'Acre. Les divisions Bon et Lannes forment l'investissement de la ville.

Le 14, on fait la reconnoissance de la place. Jaffa est entouré d'une muraille sans fossés , flanquée de bonnes tours avec du canon. Deux forts défendent le port et la rade ; la place paroissoit bien armée. On décide le front de l'attaque au sud de la ville contre les parties les plus élevées et les plus fortes.

Dans la nuit du 14 au 15 , la tranchée est ouverte. On établit une batterie de breche et deux contre-batteries sur la tour quarrée , la plus dominante du front d'attaque. On construit une batterie au nord de la place , afin d'établir une diversion.

Les journées du 15 et du 16 sont employées à avancer et perfectionner les travaux. L'ennemi fait deux sorties ; il est repoussé vigoureusement et avec perte dans la place : les batteries commencent enfin leur feu.

Le 16, à la pointe du jour, on commence à canonner la place. La breche est jugée praticable à quatre heures du soir ; l'assaut est ordonné. Les carabiniers de la vingt-deuxieme demi-brigade d'infanterie légere s'élancent à la breche ; l'adjudant-général Rambaud, l'adjudant Netherwoole, l'officier de génie Vernois , sont à leur tête : ils ont

avec eux des ouvriers du génie et de l'artillerie.
Les chasseurs suivent les éclaireurs. Ils gravissent
la breche sous le feu de quelques batteries de flanc
qu'on n'avoit pu éteindre. Ils parviennent, après
des prodiges de valeur, à se loger dans la tour
quarrée. Le chef de brigade de la vingt-deuxieme,
le citoyen Lejeune, officier très distingué, est tué
sur la breche. L'ennemi fait à plusieurs reprises
les plus grands efforts pour repousser la vingt-
deuxieme demi-brigade; mais elle est soutenue par
la division Lannes, et par l'artillerie des batteries,
qui mitraille l'ennemi dans la ville, en suivant les
progrès des assiégeants.

La division Lannes gagne de toit en toit, de rue
en rue; bientôt elle a escaladé et pris les deux forts.
L'aide-de-camp Duroc se distingue par son intrépidité.

La division Bon, qui avoit été chargée des fausses
attaques, pénetre dans la ville; elle est sur le port.
La garnison poursuivie se défend avec acharnement, et refuse de poser les armes; elle est passée
au fil de l'épée. Elle étoit composée de douze cents
canonniers turcs, et de deux mille cinq cents Maugrabins ou Arnautes. Trois cents Egyptiens, qui
s'étoient rendus, sont renvoyés au sein de leurs
familles. La perte de l'armée française est d'environ
trente hommes tués, et deux cents blessés.

Bonaparte, maître de la ville et des forts, ordonne qu'on épargne les habitants. Le général

Robin prend le commandement, et parvient à arrêter les désordres qui suivent ordinairement un assaut, sur-tout quand il est soutenu par des barbares qui ne connoissent aucun des usages militaires des nations policées. Les habitants sont protégés, et le 17 chacun étoit rentré dans son habitation.

On trouve dans la place quarante pieces de canon ou obusiers de seize, formant l'équipage de campagne envoyé à Djezzâr par le grand-seigneur, et une vingtaine de pieces de rempart, tant en fer qu'en bronze; il y avoit dans le port environ quinze petits bâtiments de commerce.

Le général en chef donne les ordres nécessaires pour mettre la place et le port en état de défense, et pour établir dans la ville un hôpital et des magasins; il y forme un dyvân composé des Turks les plus notables du pays, et expédie, avec l'heureuse nouvelle de la reddition de cette place, l'ordre au contre-amiral Pérée de sortir d'Alexandrie avec les trois frégates, et de se rendre à Jaffa. Cette place alloit devenir le port et l'entrepôt de tout ce qu'on devoit recevoir de Damiette et d'Alexandrie; elle pouvoit être exposée à des descentes et à des incursions. Bonaparte en confie le commandement à l'adjudant-général Gresier, militaire également distingué par ses talents et sa bravoure. Il y est mort de la peste.

Le général Regnier étoit arrivé à Rombih' le

19 ventose. Il y reçoit l'ordre de se rendre à Jaffa, d'y prendre position avec la division, de donner des escortes aux convois, et de rejoindre ensuite l'armée.

Affaire de Korsoum, le 25 ventose. La division Kleber étoit campée à Misky, en avant de la position qu'elle avoit occupée pour couvrir le siege de Jaffa ; le 24, les divisions Bon, Lannes, et le quartier-général, partent de Jaffa, et rejoignent à Misky l'avant-garde. Le 25, l'armée marche sur Zeta. A midi, l'avant-garde a connoissance d'un corps de cavalerie ennemie. Abdalla pâchâ avoit pris position avec deux mille chevaux sur les hauteurs de Korsoum, ayant à sa gauche un corps de dix mille Turks, qui occupoient la montagne. Le projet du pâchâ étoit d'arrêter l'armée, en prenant position sur son flanc, de la déterminer à s'engager dans les montagnes de Naplouze, et de retarder ainsi sa marche sur la ville d'Acre.

Les divisions Kleber et Bon se forment en carré, et marchent sur la cavalerie ennemie, qui évite le combat. La division Lannes reçoit l'ordre de se porter sur la droite d'Abdalla, de maniere à le couper et à le contraindre de se retirer sous Acre ou Damas, sans s'engager elle-même dans les montagnes.

Cette division se laisse emporter par son ardeur, et, suivant au milieu des rochers l'ennemi qui se retire, elle attaque les Naplouzins, qu'elle

met en déroute. L'infanterie légere se met à leur
poursuite, et s'élance beaucoup trop en avant; le
général en chef est obligé de lui réitérer plusieurs
fois l'ordre de se replier, et de cesser un combat engagé sans aucun but; elle obéit enfin, et
cesse de poursuivre l'ennemi. Les Naplouzins
prennent ce mouvement rétrograde pour une
fuite, et poursuivent à leur tour l'infanterie légere, qu'ils fusillent avec avantage au milieu de
rochers qu'ils connoissent. La division soutient
les chasseurs, et tâche d'attirer les Naplouzins
dans la plaine; mais ils s'arrêtent au débouché
des montagnes. Cette affaire a coûté quatre cents
hommes à l'ennemi; les Français ont eu quinze
hommes tués, et trente blessés.

Le 25, l'armée et le quartier-général bivouac-
quent à la tour de Zeta, à une lieue de Korsoum;
le 26, à Sabarin, au débouché des gorges du mont
Carmel, sur la plaine d'Acre. La division Kleber
se porte sur Caïffa, que l'ennemi abandonne à son
approche; on y trouve environ vingt mille rations
de biscuit, et autant de riz.

Caïffa est fermé de bonnes murailles flanquées
de tours. Un château défend la rade et le port.
Une tour, avec embrasures et creneaux, domine
la ville à cent cinquante toises; elle-même elle est
dominée par le mont Carmel. Le port de Caïffa
auroit été d'une grande utilité pour l'armée française, si, en l'évacuant, l'ennemi n'eût emmené

avec lui l'artillerie et les munitions du fort. On laisse une garnison dans le château, et, le 27, on marche sur Saint-Jean d'Acre. Les chemins étoient très mauvais ; le temps étoit brumeux ; l'armée n'arrive que très tard à l'embouchure de la riviere d'Acre, qui coule, à quinze cents toises de la place, dans un fond marécageux. Ce passage étoit d'autant plus dangereux à tenter de nuit, que l'ennemi avoit fait paroître sur la rive opposée des tirailleurs d'infanterie et de cavalerie. Cependant le général Andréossy fut chargé de reconnoître les gués. Il passa avec le second bataillon de la quatrieme d'infanterie légere, et s'empara, à l'entrée de la nuit, de la hauteur du camp retranché. Le chef de brigade Bessiere, avec une partie des guides et deux pieces d'artillerie, prit position entre le plateau et la riviere de S.-Jean d'Acre.

On travaille pendant la nuit à un pont, sur lequel toute l'armée passe la riviere, le 28, à la pointe du jour. Bonaparte se porte aussitôt sur une hauteur qui domine Saint-Jean d'Acre à mille toises de distance. L'ennemi tenoit encore, en dehors de la place, dans les jardins dont elle est entourée ; Bonaparte le fait attaquer, et le force à se renfermer dans la place.

Siege de Saint-Jean d'Acre.

L'armée prend position et bivouacque sur une hauteur isolée, qui se prolonge au nord jusqu'au cap blanc l'espace d'une lieue et demie, et domine une plaine d'environ une lieue trois quarts de longueur, terminée par les montagnes qui joignent le Jourdain.

Les provisions trouvées tant dans les magasins de Caïffa, que dans les villages de Scheff-Amrs et Nazareth, servent à la subsistance de l'armée; les moulins de Tanoux et de Kerdonné sont employés à moudre des bleds: l'armée n'avoit pas eu de pain depuis le Caire.

Bonaparte, pour éclairer les débouchés de la route de Damas, fait occuper les châteaux de Saffet, Nazareth et Scheff-Amrs.

Le 29, les généraux Dommartin et Cafarelli font une premiere reconnoissance de la place, et l'on se décide à attaquer le front de l'angle saillant, à l'est de la ville; le chef de brigade du génie Samson, en faisant la reconnoissance de la contrescarpe, est atteint d'une balle qui lui traverse la main.

Le 30, on ouvre la tranchée à environ cent cinquante toises de la place, en profitant des jardins, des fossés de l'ancienne ville, et d'un aqueduc qui traverse le glacis. Le blocus est établi de

maniere à repousser les sorties avec avantage, et
à empêcher toute communication. On travaille
aux breches et aux contrebreches; on n'avoit point
encore eu de nouvelles de l'artillerie embarquée à
Alexandrie.

Le commandant de l'escadre anglaise, informé
qu'il y avoit dans Caïffa des approvisionnements
considérables, forme le projet de les enlever, et
de se rendre maître en même temps de quelques
bâtiments chargés de vivres, et récemment arrivés de Jaffa. Le commandement de Caïffa avoit
été confié au chef d'escadron Lambert, militaire
distingué.

Le 2 germinal, on entend du camp d'Acre
une vive canonnade vers Caïffa; bientôt on apprend que plusieurs chaloupes anglaises, armées
de canons de trente-deux, étoient venues attaquer
Caïffa, et s'étoient portées sur les bâtiments de
transport pour s'en emparer. Le chef d'escadron
Lambert avoit ordonné de laisser approcher les
Anglais jusqu'à terre, sans paroître faire aucun
mouvement de défense; mais il avoit masqué un
obusier, et embusqué les soixante hommes qui
composoient sa garnison; et, au moment où les
Anglais touchent terre, il se jette sur eux à la
tête de ses braves, aborde une de leurs chaloupes,
s'en empare, leur enleve une piece de trente-deux,
et leur fait dix-sept prisonniers. Enfin le feu de
son obusier est dirigé sur les autres chaloupes

avec tant de succès, qu'elles prennent la fuite, ayant plus de cent hommes tués ou blessés. Le commodore anglais ainsi repoussé abandonne ses projets contre Caïffa, et vient mouiller devant Acre.

Les travaux du siege se continuoient avec activité. Le 6, l'ennemi fait une sortie; il est repoussé avec perte. Le 8, les batteries de breche et les contre-batteries sont prêtes. L'artillerie de siege n'étoit pas encore arrivée; on est réduit à faire jouer l'artillerie de campagne. Au jour, on bat en breche la tour d'attaque. Vers trois heures elle se trouve percée; on avoit en même temps poussé un rameau de mine pour faire sauter la contrescarpe. La mine joue : on assure qu'elle a produit son effet, et que la contrescarpe est entamée; les troupes demandent vivement l'assaut; on cede à leur impatience, l'assaut est décidé.

On jugeoit la breche semblable à celle de Jaffa; mais les grenadiers s'y sont à peine élancés, qu'ils se trouvent arrêtés par un fossé de quinze pieds, revêtu d'une bonne contrescarpe. Cet obstacle ne ralentit pas l'ardeur. On place des échelles; la tête des grenadiers est déja descendue; la breche étoit encore à huit ou dix pieds; quelques échelles y sont placées. L'adjoint aux adjudants-généraux Mailly monte le premier, et meurt percé d'une balle.

Le feu de la place étoit terrible; il n'étoit résulté d'autre effet de la mine qu'un entonnoir sur le glacis ; la contrescarpe n'étoit point entamée : elle arrête et force à la retraite une partie des grenadiers destinés à soutenir les premiers qui avoient passé. Les adjudants-généraux Escale et Laugier sont tués.

Un premier mouvement de terreur s'étoit emparé des assiégés : déja ils fuyoient vers le port ; mais bientôt ils se rallient et reviennent à la breche. Son élévation à huit ou dix pieds au-dessus des décombres rend inutiles tous les efforts des grenadiers français pour y monter.

L'ennemi a le temps de revenir sur le haut de la tour, d'où il fait pleuvoir sur les assiégeants les pierres, les grenades, et les matieres inflammables. Le peloton des grenadiers qui est parvenu au pied de la breche frémit de ne pouvoir la franchir, et de se voir forcé de rentrer dans les boyaux. Six hommes sont tués, vingt sont blessés dans cette attaque.

La prise de Jaffa avoit donné à l'armée française une confiance qui lui fit d'abord considérer la place d'Acre avec trop peu d'importance. On traitoit comme affaire de campagne un siege qui exigeoit toutes les ressources de l'art, privé surtout, comme on l'étoit, de l'artillerie et des munitions nécessaires à l'attaque d'une place environnée d'un mur flanqué de bonnes tours, et entouré d'un fossé avec escarpe et contrescarpe.

Etonné et fier de sa résistance, l'ennemi fait,
le 10, une vive sortie ; repoussé avec une perte
considérable, il se retire, ou plutôt il fuit dans
ses murs. Le chef de brigade du génie Detroye
périt dans cette action.

Le 12, une frégate vient mouiller dans la rade
de Caïffa. Le chef d'escadron Lambert, ayant re-
connu le pavillon turk, avoit défendu à ses braves
de se montrer ; la frégate, ignorant que Caïffa est
au pouvoir des Français, envoie son canot à terre
avec le capitaine en second et vingt hommes : ils
débarquent avec sécurité ; mais à l'instant Lambert les enveloppe, les fait prisonniers, et s'empare du canot. Djezzâr avoit envoyé des émissaires aux Nâplouzins, et aux villes de Saïd, de
Damas, et d'Alep. Il leur avoit fait passer beaucoup d'argent pour faire lever en masse tous
les Musulmâns en état de porter les armes,
afin, disoit-il dans ses firmâns, de combattre les
infideles.

Il leur annonçoit que les Français n'étoient
qu'une poignée d'hommes ; qu'ils manquoient
d'artillerie, tandis qu'il étoit soutenu par des
forces anglaises formidables, et qu'il suffisoit de
se montrer pour exterminer Bonaparte et son armée.

Cet appel produisit son effet. On apprit par
les Chrétiens qu'il se faisoit à Damas des rassemblements de troupes, et qu'on établissoit des ma-

gasins considérables au fort de Tabariéh, occupé par les Maugrabyns.

Djezzâr, dans l'assurance de voir paroître au premier moment l'armée combinée de Damas, faisoit de fréquentes sorties, qui lui coûtoient beaucoup de monde.

Bonaparte attendoit encore le 12 son artillerie de siege, qui devoit lui arriver par mer; il apprend ce jour-là même que trois bâtiments de la flottille partie de Damiette, et chargée de provisions de bouche et de guerre, avoient, par une brume très forte, donné dans l'escadre anglaise, qui s'en étoit emparée, mais que le reste de la flottille étoit heureusement arrivé à Jaffa. Ces trois bâti-ments portoient quelques pieces de siege. Quant aux frégates qui, après la prise de Jaffa, avoient dû appareiller d'Alexandrie, on n'en avoit point encore de nouvelles.

On continue de battre en breche; on fait sauter une portion de la contrescarpe. Bonaparte or-donne qu'on tente de se loger dans la tour de breche; mais l'ennemi l'avoit tellement remplie de bois, de sacs de terre, et de balles de coton, auxquelles les obus avoient mis le feu, que l'en-treprise ne put réussir. On fut contraint d'atten-dre quelques pieces de siege et d'autres muni-tions, pour faire une nouvelle attaque. Provisoi-rement on travaille à pousser un rameau, à l'ef-fet d'établir une mine sous la tour de breche, et de la faire sauter : ce qui auroit ouvert la place. Cet ouvrage étoit important ; l'ennemi en a connoissance , et fait de nouvelles sorties , dans l'intention de s'emparer de la mine ; mais il est toujours repoussé avec perte.

Djezzâr étoit parvenu à soulever et faire armer les habitants de Sour, l'ancienne Tyr. Le général Vial part, le 14, à la pointe du jour , pour s'en rendre maître. Il y arrive après onze heures de marche, par des chemins impraticables pour l'artillerie. Il trouve au passage du Cap blanc, sur le haut de la montagne , les restes d'un château bâti par les Mutualis , il y a cent cinquante ans, et détruit par Djezzâr. Après avoir passé le Cap blanc , et, en entrant dans la plaine , il reconnoît les vestiges d'un fort et les ruines de deux temples.

A l'approche du général Vial et de ses troupes, les habitants de Sour effrayés avoient pris la fuite. On les rassure ; on leur promet paix et protection , s'ils renoncent à leurs dispositions hostiles. Ils rentrent dans la ville ; Turks et Chrétiens sont également protégés. Le général Vial laisse à Sour une garnison de deux cents Mutualis , et rentre, le 16 germinal, avec son détachement dans le camp sous Acre.

Le 18 , à la pointe du jour , l'ennemi fait une sortie générale sur trois colonnes ; à la tête de chacune d'elles, on voit des troupes anglaises , tïrées des équipages et des garnisons des vaisseaux anglais ; les batteries de la place étoient servies par des canonniers de cette nation.

On reconnoît aussitôt que le but de cette sortie est de s'emparer des premiers postes et des travaux avancés ; à l'instant on dirige, des places d'armes et des paralleles, un feu si violent et si bien nourri sur les colonnes, que tout ce qui s'est avancé est tué ou blessé. La colonne du centre montre plus d'opiniâtreté que les autres. Elle avoit ordre de s'emparer de l'entrée de la mine ; elle étoit commandée par un capitaine anglais, ce même Thomas Aldfield qui entra le premier dans le cap de Bonne-Espérance. Cet officier s'élance avec quelques braves de sa nation à la porte de la mine ; il tombe à leurs pieds, et sa mort arrête leur audace : l'ennemi fuit de toutes parts, et se renferme avec précipitation dans la place. Les revers des paralleles restent couverts de cadavres anglais et turks.

Des déserteurs grecs et turks s'échappent de la place. Ils confirment par leur rapport que les batteries sont servies par des Anglais, et que le commodore Sidney Smith a près de lui des émigrés français, entre autres l'ingénieur Phelippeaux.

On leur demande ce que sont devenus quelques soldats français qui ont été blessés et faits prisonniers dans diverses attaques ; ils répondent qu'après les avoir fait mutiler Djezzâr a ordonné de promener par la ville leurs têtes sanglantes et leurs membres palpitants.

Quelques jours après l'assaut du 8, les soldats avoient remarqué sur le rivage une grande quantité de sacs ; ils les ouvrent. O crime...! Ils voient des cadavres attachés deux à deux. On questionne les déserteurs, et l'on apprend d'eux que plus de quatre cents Chrétiens, qui étoient dans les prisons de Djezzâr, en ont été tirés par les ordres de ce monstre, pour être liés deux à deux, cousus dans des sacs, et jetés à l'eau.

« Nations, qui savez allier avec les droits de la
« guerre ceux de l'honneur et de l'humanité, si
« les évènements vous eussent forcées d'unir votre
« pavillon et vos drapeaux à ceux d'un Djezzâr,
« j'en appelle à votre magnanimité, vous n'eus-
« siez point souffert qu'un barbare les souillât
« par de pareilles atrocités; vous l'eussiez con-
« traint de se soumettre aux principes d'honneur
« et d'humanité que professent tous les peuples
« civilisés. »

Bonaparte est informé, par des Chrétiens de Damas, qu'un rassemblement considérable, composé de Mamloùks, de Janissaires de Damas, de Dilettis, d'Alepins, de Maugrabins, se mettoit en marche pour passer le Jourdain, se réunir aux Arabes et aux Naplouzins, et attaquer l'armée devant Acre en même temps que Djezzâr feroit une sortie soutenue par le feu des vaisseaux anglais.

5 *

Le commandant du château de Saffet prévient que quelques corps de troupes ont passé le pont Djacoul sur le Jourdain. L'officier qui commande les avant-postes de Nazareth annonce, de son côté, qu'une autre colonne a passé le pont de Giz-el-Mecanié, et se trouve déja à Tabarié; que les Arabes se montrent au débouché des montagnes de Naplouze; que Genin et Tabarié reçoivent des approvisionnements considérables.

Le général de brigade Junot avoit été envoyé à Nazareth pour observer l'ennemi; il apprend qu'il se forme sur les hauteurs de Loubi, à 4 lieues de Nazareth, dans la direction de Tabarié, un rassemblement dont les partis se montrent dans le village de Loubi. Il se met en marche avec une partie de la deuxieme légere, trois compagnies de la dix-neuvieme, formant environ 350 hommes, et un détachement de 160 chevaux des différents corps, pour faire une reconnoissance. A peu de distance de Kaft-Kana, il apperçoit l'ennemi sur la crête des hauteurs de Loubi; il continue sa route, tourne la montagne, et se trouve engagé dans une plaine où il est environné, assailli par trois mille hommes de cavalerie. Les plus braves se précipitent sur lui; il ne prend alors conseil que des circonstances et de son courage. Les soldats se montrent dignes d'un chef aussi intrépide, et forcent l'ennemi d'abandonner cinq drapeaux dans leurs rangs. Le général Junot, sans cesser de com-

battre, sans se laisser entamer, gagne successivement les hauteurs jusqu'à Nazareth ; il est suivi
jusqu'à Kaft-Kana, à 2 lieues du champ de bataille. Cette journée coûte à l'ennemi, outre les
5 drapeaux, 5 à 6 cents hommes tant tués que blessés, la perte des Français n'est que de 60 hommes
tués ou blessés. On ne peut donner trop d'éloges
au courage et au sang-froid qu'a déployés le chef
de brigade Duvivier dans cette affaire.

Bonaparte, à la nouvelle du combat de Loubi,
donne ordre au général Kleber de partir du camp
d'Acre avec le reste de l'avant-garde, pour rejoindre le général Junot à Nazareth.

Kleber bivouaque, le 20, à Bedaonie, près
Saffarié, et se rend le lendemain à Nazareth pour
y prendre des vivres. Informé que l'ennemi n'a
point quitté la position de Loubi, il prend la ré-
solution de marcher à lui et de l'attaquer le lendemain 22 germinal. Il étoit à peine à la hauteur
de Ledjarra, à un quart de lieue de Loubi, et à
une lieue et demie de Kana, que l'ennemi, des-
cendant des hauteurs, débouche dans la plaine.
Le général Kleber est aussitôt enveloppé par 4
mille hommes de cavalerie et 5 ou 6 cents d'infanterie, qui se mettent en devoir de le charger.
Il les previent, attaque à-la-fois et la cavalerie et
le camp de Sedjarra qu'il emporte. L'ennemi
abandonne le champ de bataille, et se retire en
désordre vers le Jourdain, où il auroit été pour-

suivi, si la division n'eût été dépourvue de cartouches. Les troupes rentrent dans la position de Safarié et de Nazareth. Après l'affaire de Sedjarra ou Kana, l'ennemi se retire partie sur Tabarié, partie sur le pont de Giz-el-Mecanié, et partie sur le Baïzard. Ce dernier point devient le rendez-vous d'un rassemblement général, d'où, le 25, toute l'armée ennemie se rend dans la plaine de Fouli, anciennement dite d'Esdrelon; elle y opere sa jonction avec les Samaritains ou Naplouzins. Cette armée pouvoit monter, d'après les rapports du général Kleber, à 15 ou 18 mille hommes environ: les récits exagérés des habitants du pays la portoient à 40 ou 50 mille hommes. Kleber annonce en même temps qu'il part pour l'attaquer.

Bonaparte est de plus informé par le capitaine Simon, commandant de Saffet, que le 24 les ennemis se sont présentés, qu'ils ont dévasté les environs; qu'il s'est retiré avec son détachement dans le fort, où il a été attaqué; que les assiégeants ont tenté l'escalade, qu'ils ont été repoussés avec une grande perte, mais qu'il se trouvoit bloqué, avec peu de vivres et de munitions. Le capitaine Simon s'étoit conduit dans cette occasion avec autant de talent que de bravoure. Le citoyen Tedesio, employé dans l'administration, qui étoit fort bien monté, et se trouvoit en outre le seul du détachement qui eût un cheval, ayant été re-connoître l'ennemi avec quelque mutualis, fut malheureusement atteint d'une blessure mortelle.

Bonaparte juge qu'il faut une bataille générale et décisive pour éloigner une multitude qui, avec l'avantage du nombre, viendroit le harceler jusques dans son camp. Une fois battus, ces peuples, qu'on ne peut conduire malgré eux aux combats, seroient moins confiants dans les assurances de Djezzâr, et peu tentés de se mesurer de nouveau avec les Français.

Bonaparte reconnoit les inconvénients d'un combat devant la place d'Acre, et se décide à faire attaquer l'ennemi sur tous les points, afin de le forcer à repasser le Jourdain.

On arrive de Damas, en traversant le Jourdain, soit à la droite du lac de Tabarié sur le pont de Djacoul, à trois lieues duquel est situé le château de Saffet, soit à la gauche de ce lac, sur le pont de Giz-êl-Mékanié, à très peu de distance du fort Tabarié. Chacun de ces deux forts est bâti sur la rive droite du Jourdain.

Le 24, le général de brigade Murat part du camp d'Acre avec mille hommes d'infanterie et un régiment de cavalerie. Il a l'ordre de marcher à grandes journées sur le pont de Djacoul, et de s'en emparer, de prendre en revers l'ennemi qui bloquoit Saffet, et de se réunir ensuite avec le plus de célérité possible au général Kleber, qui devoit avoir en présence des forces considérables.

Le général Kleber avoit prévenu qu'il partoit le 25 pour tourner l'ennemi dans sa position de Fouli et Tabarié, le surprendre, et l'attaquer de nuit dans son camp.

Bonaparte laisse devant Acre les divisions Re-gnier et Lannes ; il part, le 26, avec le reste de sa cavalerie, la division Bon, et huit pieces d'artillerie. Il prend position sur les hauteurs de Safarié, où il bivouaque. Le 27, au point du jour, il marche sur Fouli, en suivant les gorges qui tournent les montagnes que l'artillerie ne peut traverser. A neuf heures du matin, il arrive sur les dernieres hauteurs, d'où il découvre Fouli et le mont Thabor. Il apperçoit, à environ trois lieues de distance, la division Kleber, qui étoit aux prises avec l'ennemi, dont les forces paroissoient être de vingt-cinq mille hommes de cavalerie, au milieu desquels se battoient deux mille Français. Il découvre en outre le camp des Mamloùks, établi au pied des montagnes de Naplouze, à près de deux lieues en arriere du champ de bataille.

Bonaparte fait former trois carrés, dont deux d'infanterie et un de cavalerie ; il fait ses dispositions pour tourner l'ennemi à une grande distance, dans l'intention de le séparer de son camp, lui couper la retraite sur Jenny, où étoient ses magasins, et le culbuter dans le Jourdain, où il devoit être coupé par le général Murat.

La cavalerie se porte, avec deux pieces d'artillerie légere, sur le camp des Mamloùks ; elle est commandée par l'adjudant-général Leturq : les deux colonnes d'infanterie se dirigent de maniere à tourner l'ennemi.

Le général Kleber, qui avoit reçu des munitions, quatre pieces de canon, et un renfort de cavalerie, étoit parti, le 26, de son camp de Safarié, avoit marché au Bazar, dans l'intention d'attaquer l'ennemi, le 27, avant le jour, en quelque nombre qu'il pût être ; mais égaré par ses guides, retardé par la difficulté des chemins et des défilés qu'il avoit rencontrés, il n'avoit pu arriver, quelque diligence qu'il eût faite, qu'une heure après le soleil levé ; de sorte que l'ennemi, prévenu par ses avant-postes de la hauteur d'Harmoun, avoit eu le temps de monter à cheval.

Le général Kleber avoit formé deux carrés d'infanterie, et avoit fait occuper quelques ruines où il avoit placé son ambulance. L'ennemi occupoit le village de Fouli, avec l'infanterie naplouzaine, et deux petites pieces de canon portées à dos de chameaux. Toute la cavalerie, au nombre de vingt-cinq mille hommes, environnoit la petite armée de Kleber ; plusieurs fois elle l'avoit chargée avec impétuosité, mais toujours sans succès ; toujours elle avoit été vigoureusement repoussée par la mousqueterie et la mitraille de la division, qui combattoit avec autant de valeur que de sang-froid.

Bonaparte arrivé à une demi-lieue de distance du général Kleber, fait aussitôt marcher le général Rampon à la tête de la trente-deuxieme, pour soutenir et dégager la division Kleber, en prenant l'ennemi en flanc et à dos. Il donne ordre au général Vial de se diriger avec la dix-huitieme vers la montagne de Noures, pour forcer l'ennemi à se jeter dans le Jourdain; et aux guides à pied, de se porter à toute course vers Jenny, pour couper la retraite à l'ennemi sur ce point.

Au moment où les différentes colonnes prennent leur direction, Bonaparte fait tirer un coup de canon de douze. Le général Kleber, averti par ce signal de l'approche de Bonaparte, quitte la défensive; il attaque et enleve à la baïonnette le village de Fouli, passe au fil de l'épée tout ce qu'il rencontre, et continue sa marche au pas de charge sur la cavalerie, qui est aussi chargée par la colonne du général Rampon: celle du général Vial la coupe vers les montagnes de Naplouze, et les guides à pied fusillent les Arabes qui se sauvent vers Jenny.

Le désordre est dans tous les rangs de la cavalerie de l'ennemi; il ne sait plus à quel parti s'arrêter: il se voit coupé de son camp, séparé de ses magasins; entouré de tous côtés. Enfin il cherche un refuge derriere le mont Thabor; il gagne, pendant la nuit et dans le plus grand désordre, le pont de Giz-êl-mekanié, et un grand nombre se noie dans le Jourdain en essayant de le passer à gué.

Le général Murat avoit de son côté parfaitement rempli le but de sa mission. Il avoit chassé les Turks du pont de Djacoul, surpris le fils du gouverneur de Damas, enlevé son camp, et tué tout ce qui n'avoit pas fui ; il avoit débloqué Saffet, et poursuivi l'ennemi sur la route de Damas l'espace de plusieurs lieues. La colonne de cavalerie, envoyée sous la conduite de l'adjudant-général Leturcq, avoit surpris le camp des Mamloùks, enlevé cinq cents chameaux avec toutes les provisions, tué un grand nombre d'hommes, et fait deux cents cinquante prisonniers. L'armée bivouaque le 27 au mont Thabor. L'ordre du jour est expédié de ce point aux différents corps de l'armée française qui occupent Tyr, Césarée, les Cataractes du Nil, les bouches pélusiaques, Alexandrie, et les rives de la mer rouge, qui portent les ruines de Kolsum et d'Arsinoé.

Les Naplouzins de Noures, Jenny, et Fouly, n'avoient cessé, depuis le commencement du siege, d'attaquer les convois de l'armée française, d'entretenir des intelligences avec Djezzâr, et de lui fournir des secours. Ces hostilités d'un exemple si dangereux méritoient un châtiment exemplaire. Bonaparte ordonne de brûler ces villages, et de passer au fil de l'épée tout ce qui s'y rencontrera ; il reproche aux habitants qui implorent sa clémence d'avoir pris les armes contre lui, et d'avoir égorgé, avec des circonstances horribles, des soldats qui servoient d'escorte aux convois qu'ils avoient pillés. Cependant il se laisse fléchir, arrête la vengeance, et leur promet protection, s'ils restent tranquilles dans leurs montagnes.

Le général Murat n'avoit pris encore aucun repos. Après avoir laissé un poste au pont de Djacoul, approvisionné Saffet, il s'étoit porté le 28 à Tabarié, où il s'étoit emparé des munitions de guerre et de bouche que l'ennemi avoit abandonnées ; les vivres renfermés dans ces magasins auroient suffi à nourrir l'armée pendant plus d'un an.

Le général Kleber prend position au bazar de Nazareth ; il a l'ordre d'occuper les ponts de Djacoul et de Giz-êl-mekanié, les forts Safet et de Tabarié, et de garder la ligne du Jourdain.

Le résultat de la bataille d'Esdrelon, ou du mont Thabor, est la défaite de vingt-cinq mille hommes de cavalerie, et de dix mille d'infanterie par quatre mille Français, la prise de tous les magasins de l'ennemi, de son camp, et sa fuite en désordre vers Damas. Ses propres rapports font monter sa perte à plus de cinq mille hommes. Il ne pouvoit concevoir qu'au même moment il fût battu sur une ligne de neuf lieues, tant les mouvements combinés sont inconnus à ces barbares.

Bonaparte rentre au camp d'Acre avec son état-major, la division Bon, et le corps de cavalerie aux ordres du général Murat. Il n'avoit point encore eu de nouvelles de la maniere dont le contre-amiral Perrée avoit exécuté l'ordre, qu'il lui avoit expédié après la prise de Jaffa, de sortir d'Alexandrie avec les frégates *la Junon*, *la Courageuse*, *l'Alceste*; il apprend enfin que ce contre-amiral est devant Jaffa, qu'il a débarqué trois pieces de vingt-quatre et six de dix-huit, avec des munitions.

Il donne ordre au contre-amiral Gantheaume de faire croiser ses frégates sur les côtes de Tripoli, de Syrie, et de Chypre, pour enlever les bâtiments qui approvisionnent la place d'Acre en vivres et munitions.

Quelques Arabes, campés aux environs du mont Carmel, inquiétoient les communications de l'armée; l'adjudant-général Leturcq part le 3o germinal avec un corps de trois cents hommes, surprend les Arabes dans leur camp, en tue une soixantaine, et leur enleve huit cents bœufs, qui servent à nourrir l'armée.

Le 3 floréal, l'ennemi travaille à une place d'armes, pour couvrir la porte par laquelle il faisoit ses sorties, vers les bords de la mer du côté du sud. Le 5, la mine destinée à faire sauter la tour de siege est achevée; les batteries commencent à canonner la place : on met le feu à la mine ; mais un souterrain qui se trouve sous la tour offre une ligne de moindre résistance, et une partie de l'effort de la mine s'échappe vers la place. Il ne saute qu'un seul côté de la tour, et elle reste dans un état de breche qui la rend aussi difficile à gravir qu'auparavant.

Bonaparte ordonne qu'une trentaine d'hommes essaient de s'y loger pour reconnoître comment elle se lie au reste de la place. Les grenadiers parviennent aux décombres sous la voûte du premier étage, ils s'y logent ; mais l'ennemi, qui communiquoit par la gorge et qui occupoit les débris des voûtes supérieures, lance sur eux des matieres incendiaires qui les forcent à se retirer.

Le 6, les batteries continuent à démolir la tour de breche ; le soir on essaie de se loger au premier étage ; les travailleurs y restent jusqu'à une heure du matin. L'ennemi, qu'on n'avoit pu chasser des étages supérieurs, foudroie ces braves avec avantage, lance sur eux des matieres incendiaires et les force malgré leur opiniâtreté d'évacuer le premier étage de la tour. Le général Veaux est dangereusement blessé dans cette attaque.

Le 8, l'armée fait une perte qui sera ressentie par toute la France ; le brave Caffarelli meurt des suites de la blessure qu'il avait reçue à la tranchée du 20 germinal. Une balle lui avoit cassé le bras, et il fallut recourir à l'amputation. Caffarelli emporte au tombeau les regrets universels. La patrie perd en lui un de ses plus glorieux défenseurs, la société un citoyen vertueux, les sciences et les arts un savant distingué, le génie un commandant rempli de connoissances et de ressources, les soldats un compagnon d'armes plein de bravoure, de dévouement et d'activité. L'expérience l'auroit rendu l'un des premiers généraux de son arme.

Cette perte est bientôt suivie de celle du chef de bataillon du génie, Say, jeune officier d'une grande espérance. Une balle l'avoit blessé au bras sous les murs de St.-Jean d'Acre. Il est mort à Quaysarie des suites de l'amputation. Il étoit chef de l'état-major du génie.

L'ennemi, pour défendre son front d'attaque dont presque toutes les pieces étoient démontées, étoit parvenu à établir une place d'armes en avant de sa droite; il cherche à en établir une seconde à la gauche vis-à-vis le palais de Djezzâr. Il y fait construire des batteries; et, à la faveur de leur feu et de celui de la mousqueterie, ces ouvrages flanquent avec avantage la tour et la breche. Il travaille sans relâche, éleve des cavaliers, pousse des sapes pour augmenter ses feux de revers; enfin il marche en contre-attaque sur les boyaux des assiégeants.

6 *

Par la protection de la fusillade de ses tours et de ses murailles élevées, d'où il plongeoit sur les assiégeants, l'ennemi avoit une grande facilité à pousser ses ouvrages extérieurs. Pour éteindre ses feux, et parvenir à se loger dans ses ouvrages, il auroit fallu une grande supériorité d'artillerie et de munitions, qu'on étoit loin d'avoir. On parvenoit bien, après des prodiges de valeur, à les enlever; mais on manquoit des moyens suffisants pour s'y maintenir, et l'ennemi ne tardoit pas à y rentrer.

Le 12, quatre pieces de dix-huit sont mises en batterie, et dirigées contre la tour de breche, pour en continuer la démolition. Le soir, vingt grenadiers sont commandés pour se loger dans la tour; mais l'ennemi, profitant du boyau qu'il avoit établi dans le fossé, fusille la breche à revers. Les grenadiers reconnoissent l'impossibilité de descendre de la tour dans la place, et se voient forcés de se retirer.

Au moment où l'on montoit à la tour de breche, les assiégés avoient fait, avec un corps de troupes nombreux, une sortie à leur droite; ils sont chargés par deux compagnies de grenadiers avec tant de succès et d'impétuosité, qu'on parvient à les couper, et tout ce qui n'a pu rester sous la protection du feu de la place est culbuté dans la mer. La perte de l'ennemi dans cette journée est d'environ cinq cents hommes tués ou blessés.

Bonaparte ordonne de faire une seconde breche sur la courtine de l'est, et une sape pour marcher sur les fossés, y attacher le mineur, et faire sauter la contrescarpe.

Jusqu'au 15, les ouvrages des assiégeants et des assiégés se poussent avec ardeur; mais l'armée manque de poudre, et Bonaparte est obligé d'ordonner de ralentir le feu. Alors l'ennemi redouble d'audace; il travaille aux sapes avec une nouvelle activité : il pousse sur-tout avec ardeur celle de sa droite, dont le but étoit de couper la communication de la sape des assiégeants avec la nouvelle mine.

Bonaparte ordonne qu'à dix heures du soir des compagnies de grenadiers se jettent dans les ouvrages extérieurs de la place. L'ordre est exécuté; l'ennemi est surpris, égorgé; on s'empare de ses ouvrages : trois de ses canons sont encloués; mais le feu de la place, qui plonge sur ses ouvrages, ne permet pas d'y tenir assez long-temps pour les détruire entièrement, et l'ennemi y rentre le 16, et travaille à les réparer. Il s'obstinoit opiniâtrement à trouver les moyens de cheminer sur le boyau de la mine destinée à faire sauter la contrescarpe établie vis-à-vis la nouvelle breche de la courtine. Le 17, dans la matinée, il

6 *.

fait une nouvelle tentative, qui ne réussit pas au gré de ses desirs, et il prend aussitôt le parti de couper sa contrescarpe le plus près possible de la mine.

On s'apperçoit à trois heures que l'ennemi débouche par une sape couverte sur le masque de la mine; on le canonne: le mal étoit fait; on parvient dans la nuit à le chasser de son logement; mais la mine étoit éventée, les chassis défaits, et le puits comblé.

Cet évènement étoit d'autant plus funeste, que la mine auroit pu jouer à la rigueur dans la nuit du 16 au 17, ainsi que Bonaparte l'avoit ordonné; mais le général commandant l'artillerie avoit insisté pour un délai de vingt-quatre heures, espérant voir enfin arriver dans la journée les poudres demandées au commandant de Gaza. L'ancienne tour de breche devenoit alors le seul point où l'on pût continuer l'attaque; Bonaparte ordonne que, dans la nuit du 17 au 18, on s'empare de nouveau des places d'armes de l'ennemi, des boyaux qu'il a établis pour flanquer la breche, et particulièrement de celui qui couronnoit le glacis de la premiere mine, qu'on surprenne et qu'on égorge tout ce qui s'y trouvera, qu'on attaque les ouvrages, et qu'on s'y loge.

Les éclaireurs de la quatre-vingt-septieme et les

grenadiers s'emparent de tous les ouvrages, excepté du boyau qui couronne le glacis de l'ancienne mine, et prenoit la tour à revers; le feu
terrible de l'ennemi rend inutiles tous les efforts
de la valeur; on ne peut ni travailler au logement,
ni le faire évacuer.

Le 18, on a connoissance d'environ trente voiles
turkes venant du port de Mœris, de l'isle de
Rhode, et apportant aux assiégés des vivres, des
munitions, et un renfort de troupes considérable.
Ce convoi étoit sous l'escorte d'une caravelle et de
plusieurs corvettes armées.

Bonaparte veut prévenir l'arrivée de ces secours. Il ordonne de renouveler, dans la nuit du
18 au 19, la même attaque qui avoit eu lieu la
nuit précédente. A dix heures du soir, les deux
places d'armes de l'ennemi, son boyau de glacis,
et la tour de breche, sont enlevés. On parvient à
se loger dans la tour et dans le boyau. Les dix-
huitieme et trente-deuxieme demi-brigades com-
blent les boyaux et les places d'armes de cadavres
ennemis; elles enlevent plusieurs drapeaux et en-
clouent les pieces; la résistance opiniâtre de l'ennemi, le feu de ses batteries, rien n'arrête leur
intrépidité. Jamais on ne déploya plus d'audace
et de valeur. Les généraux Bon, Vial, et Rampon,
étoient eux-mêmes à la tête de ces demi-brigades,
et donnoient l'exemple du courage et du sang-

froid. Le chef de la dix-huitieme, Boyer, militaire distingué , périt dans l'attaque ; cent cinquante autres braves, dont dix-sept officiers , sont ou tués ou blessés : mais la perte des assiégés est considérable, et leurs cadavres servent d'épaulements aux assiégeants.

On apprend dans la nuit que les poudres venant de Gaza arriveront le lendemain. Bonaparte ordonne qu'à la pointe du jour on batte à-la-fois en breche et la courtine à la droite de la tour de brèche , et cette tour elle-même. La courtine tombe, et offre une breche qui paroît praticable ; Bonaparte s'y porte, et ordonne l'assaut ; la division Lasnes marche, précédée de ses éclaireurs et de ses grenadiers, que conduit le général de brigade Rambeaud ; les autres divisions sont disposées pour les soutenir.

On s'élance à la breche , on s'en empare ; deux cents hommes sont déja dans la place. D'après les ordres de Bonaparte , les troupes qui étoient dans la tour devoient, au moment où l'on s'empareroit de la breche , attaquer quelques Turks logés dans les débris d'une seconde tour qui dominoit la droite de la breche ; les bataillons de tranchée devoient, en outre, se jeter dans les places d'armes extérieures de l'ennemi, pour qu'il ne pût ni en sortir, ni fusiller la breche en revers ;

ces ordres importants ne sont point exécutés avec assez d'ensemble.

L'ennemi, sorti de ses places d'armes extérieures, file dans le fossé de droite et de gauche, et parvient à établir une fusillade qui prend la breche à revers. Les Turks, qui n'avoient point été délogés de la seconde tour, qui domine la droite de la breche, font une vive fusillade ; ils lancent sur les assiégeants des matieres enflammées : les troupes qui escaladoient hésitent et s'arrêtent ; l'incertitude est dans leurs rangs ; elles ne filent plus dans les rues avec la même impétuosité. Le feu des maisons, des barricades des rues, du palais de Djezzâr, qui prenoit de face et à revers ceux qui descendoient de la breche et ceux qui étoient déja dans la ville, occasionne un mouvement rétrograde parmi les troupes qui sont entrées dans la place, et ne s'y voient point assez soutenues. Elles abandonnent deux pieces de canon et deux mortiers dont elles s'étoient déja emparées derriere les remparts.

Le mouvement se communique bientôt à toute la colonne. Le général Lasnes parvient enfin à l'arrêter, et à reporter sa colonne en avant. Les guides à pied qui étoient en réserve s'élancent à la breche. On se bat corps à corps avec un acharnement réciproque. Mais l'ennemi avoit repris le haut de la breche ; l'effet de la premiere impulsion ne subsistoit plus ; le général Lasnes étoit grièvement blessé ; le général Rampaud avoit été tué dans la place. L'ennemi avoit eu le temps de se rallier ; le débarquement s'étoit opéré ; non seulement on avoit à combattre toutes les troupes qui se trouvoient sur la flotte, mais tous les matelots turks étoient placés à la breche pour la défendre ; on se battoit depuis le point du jour, et il étoit nuit. Tout l'avantage étoit désormais du côté de l'ennemi ; la retraite devenoit nécessaire, et l'ordre en fut donné.

En arrivant au camp, on apprend par le contre-amiral Gantheaume que le chef de division Perée, en croisant devant Jaffa, avoit pris deux bâtiments qui avoient été séparés de la flotte turke, et sur lesquels se trouvoient six pieces d'artillerie de campagne, une quantité considérable de harnois et de provisions de bouche, 150,000 francs en numéraire, quatre cents hommes de troupes, et l'intendant de la flottille turke. On avoit trouvé sur lui l'état des forces embarquées sur la flotte ; celui des munitions et des vivres ; et il résultoit de ses déclarations et de ses réponses que la flotte faisoit partie d'une expédition projetée contre Alexandrie, et combinée avec une autre expédition que Djezzâr devoit tenter par terre ; mais, à la nouvelle de l'attaque inopinée de Saint-Jean d'Acre, on avoit détaché de cette expédition tout ce dont on pouvoit déja disposer pour l'envoyer au secours de cette place.

Bonaparte avoit fait continuer le feu des batteries dans la journée du 20, et pendant la nuit. Le 21, à deux heures du matin, il se rend au pied de la brèche, et ordonne un nouvel assaut.

Les éclaireurs des différentes divisions, les grenadiers de la quinzieme, ceux de la dix-neuvieme, les carabiniers de la deuxieme légere montent à la brèche. Ils surprennent les postes de l'ennemi, les égorgent; mais ils sont arrêtés par de nouveaux retranchements intérieurs qu'il leur est impossible de franchir; ils sont contraints de se retirer.

Le feu des batteries continue toute la journée; à quatre heures du soir les grenadiers de la vingt-cinquieme demi-brigade arrivent de l'avant-garde: ils sollicitent et obtiennent l'honneur de monter à l'assaut. Ces braves s'élancent; mais l'ennemi avoit établi une deuxieme et une troisieme ligne de défense, qu'on ne pouvoit forcer sans de nouvelles dispositions : la retraite est ordonnée. Ces trois assauts coûtent à l'armée environ deux cents tués et cinq cents blessés. Elle a sur-tout à regretter la perte du général Bon, blessé à mort; celle de l'adjudant-général Fouler, du chef de la vingt-cinquieme, le citoyen Venoux, de l'adjoint

Pinault , de l'adjoint aux adjudants - généraux
Gerbault, du citoyen Croisier , aide-de-camp du
général en chef.

Le citoyen Arrighy, aide-de-camp du général
Berthier , les adjoints aux adjudants - généraux
Nethervood et Monpatris sont grièvement blessés.
Dans les deux derniers assauts , les grenadiers et
les éclaireurs étoient commandés par le général
Verdier.

Les revers des paralleles étoient remplis de
cadavres turks qui exhaloient une infection in-
supportable et dangereuse. Comme on ne pouvoit
y entrer, Bonaparte envoie le 22 au matin un parlementaire à Djezzâr , avec une lettre ainsi conçue :

> « *Alexandre Berthier* , *chef de l'état-major-*
> *général de l'armée* ,
> « *A Ahmet* , *pâchá él-Djezzâr.*

« Le général en chef me charge de vous pro-
poser une suspension d'armes pour enterrer les
cadavres qui sont sans sépulture sur le revers des
tranchées. Il désire aussi établir un échange de
prisonniers; il a en son pouvoir une partie de la
garnison de Jaffa , le général Abdallach , et spé-
cialement les canonniers et bombardiers qui font
partie du convoi arrivé il y a trois jours à Acré ,
venant de Constantinople. »

Le parlementaire dont Bonaparte avoit fait choix étoit un Turk arrêté comme espion. On n'auroit pu, sans imprudence, hasarder, avec ces barbares, les usages militaires des nations policées. On tire sur le parlementaire ; la place continue ses feux, et les batteries des assiégeants lui répondent.

Le 24, on renvoie le même parlementaire ; il entre dans la place ; mais elle continue son feu, et rien n'annonce qu'on se dispose à répondre. Au contraire, vers les six heures du soir, au signal d'un coup de canon, l'ennemi fait une sortie générale, mais il est vigoureusement repoussé.

Les nouvelles que Bonaparte recevoit d'Egypte lui annonçoient plusieurs soulèvements, qui paroisssoient se lier à un système général d'attaque qui devoit avoir lieu en Egypte contre les Français.

Au Caire, et dans les autres villes principales, la tranquillité publique n'avoit pas été troublée par le plus léger mouvement ; mais il n'en étoit pas de même dans les provinces de Benisouef, de Charkié, et de Bahiré. Toutes ces insurrections furent heureusement comprimées par la valeur et l'activité des troupes françaises, et de leurs généraux.

Une tribu d'Arabes, sortie d'Afrique, s'étoit établie sur les frontieres de la province de Gizeh, qu'elle inquiétoit par ses brigandages, et dont

elle cherchoit à soulever les fellahs. Le général
Dugua envoie contre cette horde le général Lanusse, qui leur tend des embuscades, enleve leur
camp, et les disperse. Le fils du général Leclercq,
jeune homme de la plus haute espérance, est dangereusement blessé en combattant ces barbares.

Peu de jours après, le village de Bordéir, province de Charkié, s'étant révolté, le chef de brigade Duranteau, officier de mérite, s'y porte à
la tête d'une colonne, et le village est brûlé.

Le pâchâ d'Egypte, qui, à l'approche des Français, avoit fui du Caire avec Ibrahym bey y avoit
laissé son kiaya. La conduite de ce kiaya lui
avoit mérité une sorte de confiance de la part de
Bonaparte, qui l'avoit nommé émir hadjy pour
la prochaine caravanne de la Mekke, et lui avoit
communiqué le plan de son expédition en Syrie.
Le kiaya s'étoit même engagé à suivre l'armée,
et il se mit effectivement en route ; mais il marchoit lentement, et s'arrêta dans la province de
Charkié : il prétendit avoir reçu la noüvelle de
la mort de Bonaparte, de la déroute complete
des Français ; et, déguisant sa perfidie sous ce
faux prétexte, il souleve et pousse à la révolte la
province de Charkié, ainsi que les Arabes, dont
quelques uns s'unissent à lui.

Le général Dugua, toujours prévoyant et actif,
avoit donné l'ordre au général Lanusse de pour-

suivre ce traître ; mais fidèlement prévenu de la marche des Français, il fuit à leur approche, et leur échappe en se jetant dans le désert, d'où il gagne les montagnes de Damas.

Au commencement de floréal, un émissaire arrive d'Afrique, débarque à Derne, joue le saint, se dit *l'ange el-Madhi*, annoncé par l'alcoran, s'environne de disciples, et se réunit aux Arabes. Deux cents Maugrabins arrivent aussi d'Afrique, comme par hasard, et se joignent au saint prophète. Il annonce que les fusils, les baïonnettes, les sabres, les canons des Français, ne pourront atteindre les vrais croyants qui marcheront sous ses drapeaux ; qu'à leur aspect les Français devoient poser les armes, et rester sans défense.

L'espoir d'un triomphe aussi facile et aussi peu dangereux entraîne sur les pas de cet imposteur une multitude aisée à séduire. Lorsqu'il se croit assez fort pour attaquer les Français avec avantage, il marche à la tête des Arabes sur Demenbour. Ces mêmes Arabes venoient, il y avoit quelques jours, de faire un traité de paix avec le général Marmont, commandant à Alexandrie. Soixante hommes de la légion nautique étoient restés dans Demenhour, malgré l'ordre qu'avoit reçu leur commandant de se rendre au fort de Rahmanié. Ils sont surpris et massacrés. L'ange el-Madhy profite de ce premier succès, et de la confiance qu'il inspire dans ses promesses pour augmenter le nombre de ses prosélytes. Il parvient à soulever toute la province. Les habitants le suivent avec transport à des combats où ils doivent être invulnérables.

L'illusion de ces malheureux ne fut pas de longue durée. Le chef de brigade Lefebvre part du fort de Rahmanié avec deux cents hommes ; il est bientôt environné par des nuées de ces fanatiques : il se bat jusqu'à six heures du soir, et rentre dans le fort de Rahmanié, après avoir tué tout ce qui a eu la témérité d'avancer à la portée de son feu.

La mort de tant de croyants, victimes de leur crédulité, affoiblit considérablement le crédit de l'ange el-Madhy, et la foi de ses soldats ; mais tout le pays étoit soulevé, et la crainte d'un châtiment terrible, la nécessité de s'y soustraire par des succès, la confiance dans leur nombre, rendoient aux habitants cette intrépidité que leur inspira d'abord le fanatisme. Il falloit, pour les soumettre, des forces plus considérables que celles dont le chef de brigade Lefebvre pouvoit disposer. Le général Lanusse, à la tête d'une colonne mobile, arrive le 19 floréal à Rahmanié, et de là marche sur Demenhour. Il bat et met en fuite tout ce qui se présente devant lui. Il fait passer au fil de l'épée quinze cents hommes qui se trouvent dans la ville, et la réduit en cendres. Il dissipe et poursuit les disciples du saint êl-Mahdi, qui lui-même , tremblant et grièvement blessé, ne trouve de salut que dans une prompte fuite.

Les Maugrabins passent le Nil , et gagnent la Charkié; les Arabes se dispersent, et l'ordre est rétabli dans la province.

Dans le même temps, quelques partis de Mamloùks, chassés de la haute Egypte par le général Desaix , étoient descendus dans les provinces de la basse Egypte, où ils cherchoient à soulever les fellâhs et les Arabes; ils sont atteints et battus par le chef de brigade Destrées. Ils se réfugient dans la province de Charkié, où , d'après les ordres du général Dugua , le général de brigade Lagrange ne tarde pas à les poursuivre. Le 19 floréal , il atteint Elfy bey et les Arabes belley; il les bat, leur tue trois principaux kiachefs, et contraint le reste de se sauver dans l'oasis d'Hourel , d'où ils gagnent la Syrie à travers le désert.

Le général Lanusse , qui a déployé la plus grande activité , et rendu les plus signalés services , en se portant avec une rapidité étonnante par-tout où il y avoit des séditions, atteint, le 7 prairial , dans la Charkié , les Maugrabins et les autres disciples de l'ange êl-Mahdi , échappés de la Bahiré , lorsqu'il brûloit Demenhour. Il leur tue cent cinquante hommes, et brûle le village où ils se sont réfugiés.

Pendant ces expéditions, les Anglais s'étoient présentés devant Suez; ils y avoient paru le 15 floréal avec un vaisseau et une frégate. Ayant trouvé ce port en état de défense, ils se retirent, et laissent un brick en croisiere; mais le chérif de la Mekke force les Anglais à souffrir que les bâtiments continuent d'apporter à Suez le café.

. L'expédition de Cosséir, dont le but étoit d'enlever les richesses que les Mamloùks, battus par le général Desaix dans la haute Egypte, faisoient embarquer dans ce port, n'avoient point réussi. La chaloupe canonniere *le Tagliamento*, qui, d'après les ordres de Bonaparte, étoit partie de Suez le 16 ventose, ayant sauté dès le premier coup de canon, un succès complet avoit couronné toutes les autres entreprises, et les troupes restées en Egypte n'avoient point manqué d'occasions de signaler leur courage, et de rivaliser d'intrépidité avec les divisions qu'elles n'avoient pu suivre dans l'expédition de Syrie.

Cette expédition touchoit elle-même à son terme; son but principal étoit rempli. L'armée, après avoir traversé le désert qui sépare l'Afrique de l'Asie, et vaincu tous les obstacles avec plus de rapidité qu'une armée arabe, s'étoit emparée de toutes les places fortes qui défendent les puits du désert. Elle avoit déconcerté les plans de ses ennemis par l'audace et la rapidité de ses mouvements. Elle avoit dispersé aux champs d'Esdrelon et du mont Thabor vingt-cinq mille cavaliers et dix mille fantassins, accourus de toutes les parties de l'Asie, dans l'espoir de piller l'Egypte. Elle avoit forcé le corps d'armée qu'on envoyoit sur trente bâtiments assiéger les ports de l'Egypte d'accourir au secours de Saint-Jean d'Acre.

Bonaparte, avec environ dix mille hommes, avoit nourri pendant trois mois la guerre dans le cœur de la Syrie ; il avoit détruit la plus formidable des armées destinées à envahir l'Egypte, pris ses équipages de campagne, ses outres, ses chameaux, et un général. Il avoit tué ou fait prisonniers plus de sept mille hommes, pris quarante pieces de campagne, enlevé plus de cent drapeaux, forcé les places de Gaza, Jaffa, Caïffa. Le château d'Acre ne paroissoit pas encore disposé à se rendre; mais on avoit déja recueilli les principaux avantages qu'on s'étoit promis du siege de cette place. Quelques jours de plus donnoient l'espoir de prendre le pacha dans son palais; cette vaine gloire ne pouvoit éblouir Bonaparte ; il touchoit au terme du temps qu'il avoit destiné à l'expédition de Syrie; la saison des débarquements en Egypte y rappeloit impérieusement l'armée pour s'opposer aux descentes et aux tentatives de l'ennemi. La peste faisoit des progrès effrayants en Syrie : déja elle avoit enlevé sept cents hommes aux Français, et, d'après les rapports recueillis à Sour, il mouroit journellement plus de soixante hommes dans la place d'Acre.

La prise de cette place pouvoit-elle compenser la perte d'un temps précieux, et celle d'une foule de 'braves qu'il auroit fallu sacrifier, et qui étoient nécessaires pour des opérations plus importantes?

Tous les militaires qui ont fait des sieges contre les Turks savent qu'ils se font tuer, et qu'ils sacrifient femmes et enfants pour défendre jusqu'au dernier monceau de pierres. Ils ne capitulent point, et ne s'abandonnent jamais à la bonne foi de leur ennemi, parcequ'en pareil cas ils ne savent qu'égorger.

Le siege d'Acre pouvoit être long et meurtrier; tout rappeloit Bonaparte en Egypte; il ne pouvoit, sans compromettre le sort de son armée et de ses conquêtes, prolonger plus long-temps son séjour en Syrie. La gloire et les avantages de son expédition ne dépendoient nullement de la prise du château d'Acre. Il cede donc aux puissantes considérations qui lui ordonnent d'en lever le siege.

Il lui falloit plusieurs jours pour l'évacuation des blessés et des malades. Il ordonne que les

batteries de canons et de mortiers continuent
leur feu, et qu'on emploie le reste des munitions
de sieges à raser le palais de Djezzâr, les fortifications et les édifices.

Le 26, à la pointe du jour, on s'apperçoit que
l'amiral anglais a mis à la voile avec trois bâtiments turks; il venoit d'être instruit que les frégates françaises avoient enlevé deux de ses avisos
et deux bâtiments turks, et cette nouvelle lui
inspiroit des craintes sur un convoi de d'jermes,
et deux avisos turks envoyés devant le port d'A-
bouzaboura pour embarquer des Naplouzins
que Djezzâr croyoit avoir de nouveau déterminés
à se soulever. Le contre-amiral Perrée donnoit
en effet la chasse à cette flottille, qui est dégagée
par les Anglais; il fait prendre le large à ses frégates, mais elles ne sont point poursuivies par
les vaisseaux anglais, qui s'empressent de retourner à Saint-Jean d'Acre.

Le 27, à deux heures et demie du matin, l'ennemi fait une sortie; il est repoussé avec vigueur,
après avoir perdu beaucoup de monde. A sept
heures il en fait une nouvelle sur tous les points;
par-tout il trouve la même résistance. Il ne peut
pénétrer dans aucun boyau; il est mitraillé par
les batteries, et reconduit, la baïonnette aux
reins, dans ses places d'armes; tout est couvert
des cadavres des assiégés. Ce combat glorieux et

sanglant ne coûte aux Français que vingt hommes tués et cinquante blessés.

Le 28, un parlementaire anglais se présente vers la plage; il ramene le Turk qui avoit été envoyé le 22 à Djezzâr, en parlementaire, et apporte au chef de l'état-major une lettre du commodore anglais, qui s'exprimoit ainsi en parlant de Bonaparte : « Ne sait-il pas que c'est *moi seul* qui peux « décider du terrain qui est sous mon artillerie »? Il vouloit dire que Djezzâr ne pouvoit répondre sans son agrément et sa participation, et que c'étoit à lui qu'il falloit adresser toutes les propositions.

Le commandant du canot remet en outre un paquet contenant des proclamations de la Porte Ottomane, certifiées par Sidney Smith, et conçues en ces termes :

PROCLAMATION.

Le ministre de la sublime Porte

Aux généraux, officiers, et soldats, de l'armée française, qui se trouvent en Egypte.

« Le directoire français, oubliant entièrement le droit des gens, vous a induits en erreur, a surpris votre bonne foi, et, au mépris des lois de la guerre, vous a envoyés en Egypte, pays soumis à la domination de la sublime Porte, en vous faisant accroire qu'elle-même avoit pu consentir à l'envahissement de son territoire.

« Doutez-vous qu'en vous envoyant ainsi dans une région lointaine son unique but n'ait été de vous exiler de la France, de vous précipiter dans un abyme de dangers, et de vous faire périr tous tant que vous êtes? Si, dans une ignorance absolue de ce qui en est, vous êtes entrés sur les terres d'Egypte, si vous avez servi d'instrument à une violation des traités, inouie jusqu'à présent parmi les puissances, n'est-ce point par un effet de la perfidie de vos directeurs? oui, certes; mais il faut pourtant que l'Egypte soit délivrée d'une invasion aussi inique. Des armées innombrables marchent en ce moment; des flottes immenses couvrent déja la mer.

« Ceux d'entre vous, de quelque grade qu'ils soient, qui voudront se soustraire au péril qui les menace, doivent, sans le moindre délai, manifester leurs intentions aux commandants des forces de terre et de mer des puissances alliées: qu'ils soient sûrs et certains qu'on les conduira dans les lieux où ils desireront aller, et qu'on leur fournira des passe-ports pour n'être pas inquiétés pendant leur route par les escadres alliées, ni par les bâtiments armés en course. Qu'ils s'empressent donc de profiter à temps de ces dispositions bénignes de la sublime Porte, et qu'ils les regardent comme une occasion propice de se tirer de l'abyme affreux où ils ont été plongés.

« Fait à Constantinople le 11 de la lune du ramazan de l'an de l'hégyre 1213, et le 5 février 1799.

« Je soussigné, ministre plénipotentiaire du roi d'Angleterre près la Porte Ottomane, et actuellement commandant la flotte combinée devant Acre, certifie l'authenticité de cette proclamation et garantis son exécution. A bord du *Tigre*, ce 10 mai 1799.

Signé SYDNEY SCHMIT. »

Cet écrit reçoit la seule réponse que les conseils de la lâcheté inspirent à l'honneur, le silence du mépris. L'amiral anglais fait connoître qu'il existe, entre l'Angleterre et la Porte, un traité d'alliance, signé le 5 janvier 1799; il envoie quelques prisonniers français qu'il avoit enlevés des mains de Djezzâr.

L'officier qui commandoit le canot anglais est renvoyé sans réponse, et le feu continue de part et d'autre.

Pendant la nuit, on commence l'évacuation des blessés, des malades, et du parc d'artillerie. Le premier bataillon de la soixante-neuvieme demi-brigade part le 29, le deuxieme le suit le 30; ils escortent les convois d'artillerie et les blessés.

L'avant-garde aux ordres du général Junot, après avoir brûlé tous les magasins de Tabarié, prend position à Safarié, pour couvrir les débouchés d'Obéline et de Cheif-Amr sur le camp d'Acre.

L'ennemi, qui étoit bombardé et canonné plus vivement qu'il ne l'avoit encore été, qui voyoit un feu plus terrible que tout ce qu'il avoit essuyé jusqu'alors se diriger sur le palais de Djezzâr, sur les parties des fortifications qui n'avoient point encore été battues, et sur tous les édifices de la ville, fait, le premier prairial, à la pointe du jour, une sortie générale; il est reçu avec intrépidité, et forcé de se retirer promptement. Ce mauvais succès ne le décourage point : à trois heures après midi il sort de nouveau sur tous les points ; il emploie tous les renforts qu'il a reçus ; il combat avec une fureur et un acharnement qu'il n'avoit point encore déployés. Son but étoit de pénétrer dans les batteries dont le feu lui devenoit si incommode, de les détruire, et de prévenir ainsi la ruine de la ville. Malgré son opiniâtreté et la vivacité de ses attaques il est repoussé sur tous les points et obligé de se retirer avec une grande perte. Cependant il parvient à s'emparer un instant du boyau qui couronne le glacis de la tour de breche. Mais à peine y est-il entré que le général de brigade Lagrange, qui commandoit la tranchée, l'attaque avec deux compagnies de grenadiers, reprend le boyau, poursuit les assiégés jusque dans leur place d'armes extérieure, tue tout ce qui ne se précipite pas dans la place, et les pousse jusque dans les fossés.

L'artillerie de campagne remplaçoit aux batteries l'artillerie de siege qui venoit de partir. On étoit parvenu à détruire par des mines et à la sape un aqueduc de plusieurs lieues qui conduisoit l'eau à la ville; on réduit en cendres les magasins et les moissons qui sont aux environs d'Acre; on jette à la mer tous les objets inutiles; on se prépare à lever le siege.

La proclamation suivante du général en chef explique suffisamment les motifs de cette conduite.

PROCLAMATION.

« Au quartier-général devant Acre, le 28 floréal an 7.

« *BONAPARTE*, *général en chef.*

« Soldats,

« Vous avez traversé le désert qui sépare l'Afrique de l'Asie avec plus de rapidité qu'une armée arabe.

« L'armée qui étoit en marche pour envahir l'Egypte est détruite; vous avez pris son général, son équipage de campagne, ses bagages, ses outres, ses chameaux.

« Vous vous êtes emparés de toutes les places fortes qui défendent les puits du désert.

« Vous avez dispersé, aux champs du mont Thabor, cette nuée d'hommes accourus de toutes les parties de l'Asie dans l'espoir de piller l'E-gypte.

« Les trente vaisseaux que vous avez vus arriver dans Acre il y a douze jours portoient l'armée qui devoit assiéger Alexandrie; mais obligée d'accourir à Acre, elle y a fini ses destins : une partie de ses drapeaux orneront votre entrée en Egypte.

« Enfin, après avoir, avec une poignée d'hommes, nourri la guerre pendant trois mois dans le cœur de la Syrie, pris quarante pieces de campagne, cinquante drapeaux, fait six mille prisonniers, rasé les fortifications de Ghazah, Jaffa, Caïffa, Acre, nous allons rentrer en Egypte : la saison des débarquements m'y rappelle.

« Encore quelques jours, et vous aviez l'espoir de prendre le pacha même au milieu de son palais; mais, dans cette saison, la prise du château d'Acre ne vaut pas la perte de quelques jours; les braves que je devrois d'ailleurs y perdre sont aujourd'hui nécessaires pour des opérations plus essentielles.

« Soldats, nous avons une carriere de fatigues
et de dangers à courir. Après avoir mis l'orient
hors d'état de rien faire contre nous cette campagne, il nous faudra peut-être repousser les efforts d'une partie de l'occident.

« Vous y trouverez une nouvelle occasion de
gloire; et si, au milieu de tant de combats, chaque
jour est marqué par la mort d'un brave, il faut
que de nouveaux braves se forment, et prennent
rang à leur tour parmi ce petit nombre qui donne
l'élan dans les dangers et maîtrise la victoire. »

Le premier prairial, à neuf heures du soir, on
bat la générale, et le siege est levé après soixante
jours de tranchée ouverte.

La division du général Lannes se met en
marche pour Tentoura; elle est suivie par les
équipages de l'armée et le parc de la division Bon.

La division Kleber et la cavalerie prennent
position; l'infanterie en arriere du dépôt de la
tranchée, et la cavalerie devant le pont de
la riviere d'Acre, à quinze cents toises de la
place.

En même temps la division Regnier, qui étoit
de tranchée, se replie dans le plus grand silence:
les pieces de campagne sont portées à bras et suivent la route de l'armée. Les postes se replient
sur la place d'armes. La division Regnier, placée

à la queue de la tranchée, va dans son camp reprendre ses sacs et suit la marche de l'armée. Lorsqu'elle a passé le pont la division Kleber fait son mouvement; elle est suivie de la cavalerie, qui a l'ordre de ne quitter la riviere que deux heures après le départ des dernieres troupes d'infanterie. Elle y laisse cent dragons, pied à terre, pour protéger les ouvriers qui détruisent les deux ponts.

Le général Junot, avec son corps, s'étoit porté au moulin de Kerdanné pour couvrir le flanc gauche de l'armée.

On auroit levé le siege de jour si l'armée n'avoit pas eu trois lieues à parcourir sur la plage; circonstance qui donnoit à l'ennemi la facilité de suivre ce mouvement avec ses chaloupes canonnieres, et d'établir une canonnade qu'il étoit prudent d'éviter. Les assiégés continuent leur feu tout le reste de la nuit, et ne s'apperçoivent qu'au jour de la levée du siege: ils avoient été si maltraités qu'ils ne purent faire aucun mouvement. L'armée exécute sa marche dans le plus grand ordre. Le 2, elle arrive à Tentoura, port ou l'on avoit débarqué les objets envoyés de Damiette et de Jaffa, et sur lequel avoit été évacuée l'artillerie de siege avec les quarante pieces de campagne turkes prises à Jaffa, et dont une partie avoit été conduite devant Acre.

On n'avoit pas assez de chevaux pour traîner cette immense artillerie turke. Bonaparte avoit décidé que tous les moyens de transport seroient de préférence employés à l'évacuation des malades et des blessés. En conséquence il ne fait suivre que deux obusiers et quelques petites pieces turkes, et il en fait jeter vingt-deux à la mer: les caissons et les affûts sont brûlés sur le port de Tentoura.

Tous les malades et blessés sont évacués sur Jaffa : généraux, officiers, administrateurs, chacun donne ses chevaux ; il ne reste pas un seul Français en arriere. Les hommes attaqués de la peste sont également évacués.

L'armée couche le 3 sur les ruines de Césarée. Le 4, des Naplouzins se montrent au port d'Abouhaboura : quelques uns sont pris et fusillés ; les autres s'éloignent. Leur but est de s'emparer des haillons qu'une armée abandonne dans sa marche.

L'armée campe le 5 à quatre lieues de Jaffa, sur une riviere qui est une espece de crique. Des partis se répandent dans les villages dont les habitants pendant le siege ont attaqué, pillé les convois, et égorgé les escortes. Les habitations sont réduites en cendres, les troupeaux enlevés, et les grains incendiés. Cette vengeance étoit commandée par la justice après tant d'assassinats ; elle étoit autorisée par les lois rigoureuses de la guerre, puisqu'elle ôtoit à l'ennemi tout moyen d'approvisionnement.

L'armée arrive le 5 à Jaffa ; un pont de bateaux avoit été jeté sur la riviere de la Hoya , que l'on passe difficilement à gué à son embouchure. On séjourne le 6, le 7, et le 8 , à Jaffa. Ce temps est employé à punir les villages des environs qui se sont mal conduits. On fait sauter les fortifications de Jaffa ; on jette à la mer toute l'artillerie en fer de la place. Les blessés sont évacués tant par mer que par terre. Il n'y avoit qu'un petit nombre de bâtiments , et, pour donner le temps d'achever l'évacuation par terre , l'on est obligé de différer jusqu'au 9 le départ de l'armée.

Le premier et le deuxieme bataillon de la soixante-neuvieme , et la vingt-deuxieme légere , partent successivement pour escorter les convois.

L'armée se met le 9 en marche. La division Regnier forme la colonne de gauche , et s'avance par Ramley. Le quartier-général , la division Bon, la division Lannes , suivent la route du centre. Le pays qu'on alloit parcourir jusqu'à Ghazah avoit commis toutes sortes d'excès. L'ordre est donné à la colonne du général Regnier, et à celle du centre , de brûler les villages et toutes les moissons. La cavalerie prend la droite, et s'avance le long de la mer, dans les dûnes, pour ramasser les troupeaux qui s'y sont réfugiés. La division Kleber forme l'arriere-garde, et ne quitte Jaffa que le 10.

L'armée marché dans cet ordre jusqu'à Kan-Jounes. La plaine est toute en feu ; mais le souvenir du pillage des convois et des horreurs exercées contre les Français ne justifioit que trop ces représailles.

L'armée campe le 10 à Elmechetal, et arrive le 11 à Ghazah. Cette ville s'étoit bien conduite : les personnes et les propriétés y sont respectées. On fait sauter le fort, et l'armée part le lendemain pour Kan-Jounes, où elle arrive le même jour. Le 13, elle entre dans le désert, suivie d'une quantité considérable de bestiaux enlevés à l'ennemi, et destinés à l'approvisionnement d'êl-A'rych. Le désert, entre cette place et Kan-Jounes, a onze lieues d'étendue. Il est habité par quelques Arabes du brigandage desquels Bonaparte avoit à se plaindre. On brûle leur camp; on enleve leurs bestiaux, leurs chameaux, et on incendie le peu de récolte qui se trouve dans certaines parties du désert.

L'armée séjourne le 14 à êl-A'rych. Cette place devenoit de la plus grande importance. Bonaparte y ordonne de nouveaux travaux et de nouvelles fortifications, la fait approvisionner de vivres et de munitions, et y laisse garnison.

L'armée continue sa marche sur Cathieh, où elle arrive le 16, après avoir horriblement souffert de la soif. Les divisions marchoient successivement, mais les puits étoient beaucoup moins abondants, et l'eau plus saumâtre qu'au premier passage de l'armée.

Les magasins de Cathieh étoient parfaitement approvisionnés ; l'armée séjourne deux jours dans cette place. Bonaparte va reconnoître Tineh, Peluse, et la bouche d'Omm-Farrege. Il ordonne la construction d'un fort à Tineh pour se rendre maître de la bouche d'Omm-Farrege. Il laisse à Cathieh une garnison considérable ; il réunit au commandement de cette place celui d'él-A'rych, et le confie à un général de brigade.

Le 18, l'armée continue sa marche. Le quartier-général part le 19 pour Salchieh. La division Kleber se rend à Tineh, où elle s'embarque pour Damiette. Les autres divisions de l'armée prennent la route du Caire, où elles arrivent le 26 prairial.

Les grands du Caire, le peuple, et la garnison viennent au-devant de l'armée, qui se déploie dans l'ordre de parade. On est étonné de voir cette armée sortant du désert, et, après quatre mois d'une campagne pénible et sanglante, se présenter dans le meilleur ordre et avoir la plus belle tenue.

A ce spectacle succede bientôt un tableau vraiment attendrissant ; c'est celui d'amis , de camarades , qui se livrent avec enthousiasme au plaisir de se revoir et de s'embrasser. La ville du Caire devient pour les Français une seconde patrie ; ils y sont reçus par les habitants comme des compatriotes.

Mille rapports extravagants , et semés par la malveillance , avoient précédé le retour de l'armée au Caire : on la disoit réduite à quelques hommes blessés et mourants. Voici l'exacte vérité.

Le corps d'armée de l'expédition de Syrie a perdu , dans quatre mois , sept cents hommes morts de la peste , et cinq cents tués dans les combats. Le nombre des blessés étoit , il est vrai, de dix-huit cents , mais quatre-vingt-dix seulement avoient été amputés; presque tous les autres avoient l'espoir d'être promptement guéris , et devoient rentrer dans leurs corps.

C'étoit sur-tout les ravages de la peste que la malignité s'étoit plue à exagérer. A l'arrivée de l'armée en Syrie les villes étoient infectées de cette maladie, que la barbarie et l'ignorance rendent si funeste dans ces contrées : celui qui en est frappé se croit mort, tout le fuit et l'abandonne , et il expire quand les secours de la médecine , quand des soins convenables auroient pu le rendre à la vie. Le fatalisme, que ces peuples

professent, contribue beaucoup à leur faire né-
gliger le secours des médecins.

Les soldats français avoient bien aussi quelques
préjugés : ils prenoient la moindre fievre pour la
peste, et se croyoient atteints d'une maladie in-
curable et mortelle. Le citoyen Desgenettes, mé-
decin en chef de l'armée, parcourt les hôpitaux,
visite chacun des malades, et calme d'abord leur
imagination effrayée. Il soutient que les bubons
qu'ils prennent pour des symptômes de peste
appartiennent à une espece de fievre maligne
dont il est très facile de guérir avec des soins et
des ménagements ; il va jusqu'à s'inoculer, en
présence des malades, la matiere de ces bubons,
et emploie pour se guérir les remedes qu'il leur
ordonne.

Tous les genres d'héroïsme devoient éclater
dans cette brave armée, et le dévouement du
citoyen Desgenettes n'a pas été le moins géné-
reux ni le moins utile. Après avoir rendu au
soldat cette tranquillité d'esprit si nécessaire à la
guérison, il acheve, par ses talents, ses soins
assidus, ce qu'il a si heureusement entrepris ; et
le plus grand nombre recouvre la santé.

Un si bel exemple ne pouvoit être perdu pour
les autres officiers de santé. On ne peut donner
trop d'éloges à la conduite du citoyen Larrey,
chirurgien en chef de l'armée, pour le zele et l'ac-

8 *

tivité qu'il n'a cessé de déployer. On le voyoit, lui et ses dignes confreres, sous le feu de l'ennemi, au pied de la breche, panser les malheureux blessés. Plusieurs ont reçu des blessures à ce poste honorable : l'un deux a même été tué ; mais rien ne pouvait arrêter leur ardeur et leur dévouement.

FIN DE L'EXPÉDITION DE SYRIE.

EXPÉDITION

DU GÉNÉRAL DESAIX

DANS LA HAUTE ÉGYPTE.

Pendant qu'au nord Bonaparte battoit dans la Syrie les armées qu'Ibrâhim bey et Djezzâr se disposoient à conduire contre lui, le général Desaix au midi chassoit de la haute Egypte Mourad bey qui s'y étoit réfugié après la bataille des Pyramides.

Un mois après la prise du Caire, le général Desaix avoit reçu l'ordre de marcher à la poursuite de Mourad bey. Il s'étoit embarqué le 8 fructidor an 6, à la pointe du jour, avec deux bataillons de la quatre-vingt-huitieme de ligne, deux bataillons de la deuxieme légere, deux bataillons de la soixante-unieme de ligne, et l'artillerie attachée à sa division. Le convoi étoit escorté d'un chebeck, d'un aviso, et de deux demi-galeres armées en guerre.

Le 12, la division se trouve réunie à Al-Fieli;

arrivée le 13 à Béné ; elle prend position en avant de la ville , appuyant sa gauche et sa droite au Nil , de maniere à ce qu'elles soient protégées par les bâtiments de guerre ; elle conserve cette position les 14 , 15 , 16 et 17 fructidor ; et le 18 , le général Desaix ayant pourvu à ses moyens de subsistance , elle part pour se rendre à Aba-Girgé, où elle arrive à sept heures du soir. Le général Desaix est informé que cent cinquante Mamloùks, et beaucoup de djermes chargées de bagages , vivres et munitions, sont à Richnesé. Il se met en marche , le 20 , à la pointe du jour, avec le premier bataillon de la vingt-unieme légere, pour reconnoître leur position. L'inondation du Nil étoit déja très étendue ; les troupes éprouvoient les plus grandes difficultés. Elles traversent huit canaux , et parviennent au lac Barthin , qu'elles passent à gué, ayant de l'eau jusque sous les bras. Après avoir marché pendant quatre heures continuellement dans l'eau , elles arrivent au village de Cheboubié. Mourad bey étoit descendu jusqu'au Faïoum ; il avoit laissé trois beys à Behnesé avec cent cinquante Mamloùks et beaucoup d'Arabes. Le général Desaix s'avance sur ce village ; malgré les difficultés que lui oppose dans sa marche une digue qu'il est obligé de suivre , il fait tant de diligence , qu'il arrive au moment où les équipages de l'ennemi passoient le canal de Joseph. Les Mamloùks et les Arabes étoient sur la rive gauche, et protégeoient douze djermes qui s'échappoient en remontant le Nil.

Les carabiniers de la vingt-unieme s'élancent sur la rive; ils font un feu très vif qui éloigne les Mamloùks, et disperse les Arabes. Les douze djermes sont arrêtées; onze étoient chargées de munitions, de vivres, et sur-tout d'une grande quantité de bled; la douzieme portoit sept pieces de canon.

Le général Desaix rentre, le 21, à Aba-Girgé, où il rejoint sa division; il appareille et arrive, le 26, à la hauteur de Tarout'-Elcheriff; le 27, il prend position à l'entrée du canal de Joseph. Informé que l'ennemi occupoit Sioùt avec le reste de ses bâtiments de guerre, il part dans l'après-midi avec deux demi-galeres, deux bataillons de la soixante-unieme, et deux de la quatre-vingt-huitieme. Il marche vers Sioùt, après avoir ordonné à un aviso d'escorter la vingt-unieme qui doit le suivre; il laisse un détachement de cette demi-brigade et une chaloupe canonniere pour occuper Tarout'-Elcheriff, et protéger la navigation avec le Caire.

Le 28, il arrive à Sioùt; mais l'ennemi s'étoit enfui à son approche, et avoit fait remonter jusqu'à Girgé ses djermes et ses bâtiments de guerre.

Trois kiachefs de Soliman bey, et environ trois cents Mamloùks, et quelques Arabes, étoient à

Benhadi, à six lieues de Sioùt, avec leurs femmes et beaucoup d'équipages. Le général Desaix, dans l'espoir de les atteindre, part le 1er complémentaire; il longe les montagnes, et arrive le lendemain au jour naissant, après une marche pénible à travers le désert. L'ennemi avoit déja disparu. Desaix rentre à Sioùt, le 3e jour complémentaire; il y laisse une demi-brigade et un aviso, pour escorter un convoi considérable de grains dont il avoit ordonné le chargement pour le Caire; et le soir même il part avec sa division et sa flottille, dans le dessein de rejoindre Mourad bey qui avoit regagné le Faïoum.

Le 5e jour complémentaire, il arrive à l'entrée du canal de Joseph, et reçoit du Caire un convoi qui lui apporte soixante quintaux de biscuit et trois mille cartouches.

Il se met en marche le 2 vendémiaire, et entre dans le bahr Joseph, laissant sur le Nil six bâtiments de guerre pour garder l'entrée du canal, et croiser à la hauteur de Tarout'-Elcheriff; deux de ces bâtiments ont ordre de descendre jusqu'à Benesneff, en suivant le mouvement de la division.

Après une longue et pénible navigation dans le canal, où les djermes échouoient souvent par la difficulté de suivre la division à travers des plaines inondées, l'avant-garde apperçoit, le 12, un poste de Mourad bey à la hauteur du village de Mene-

kia. Desaix ordonne le débarquement, et se porte
avec un détachement sur des especes de dunes
qui dominent le canal de distance en distance jusqu'à Illahon. Il s'engage une fusillade d'avant-
garde ; l'ennemi se retire ; la division se rembar-
que, et continue à suivre le canal.

Le 13 au matin, on apperçoit l'ennemi embusqué dans un endroit où le canal s'approche du
désert ; des forces considérables se montrent tout-
à-coup dans le village de Manzoura. Il eût été
dangereux de débarquer sous le feu de l'ennemi ;
le général Desaix ordonne de revirer de bord , regagne la position près de Menekia, et fait débarquer sa division , qui se forme successivement.
Des compagnies de carabiniers chassent et dispersent les Mamloùks qui harceloient les barques.

Après avoir formé sa division en carré , Desaix
organise le service des barques de maniere à leur
faire suivre dans le canal les mouvements des
troupes , qui s'avancent à l'extrémité de l'inondation, et au bord du désert. Les Mamloùks paroissent vouloir attaquer ; quelques coups de canon les éloignent ; et, à la nuit, la division prend
position vis-à-vis le village de Manzoura.

Elle continue sa marche dans le même ordre ;
mais elle est harcelée par l'avant-garde de l'ennemi.
Le corps de Mourad bey étoit encore éloigné de
deux lieues, et paroissoit formé sur deux lignes.
A l'approche de la division, il gagne les hauteurs,

prend position sur son flanc gauche, et se met en mesure de la charger.

Desaix ordonne un changement de direction, marche droit à Mourad bey, et le canonne avec tant de succès, que cette masse de cavalerie, incertaine dans ses mouvements, s'arrête, et se replie. La division continue sa marche jusqu'à Elbelamon.

Le 15, elle regagne ses barques pour y prendre du biscuit; l'ennemi croit qu'elle rétrograde; il la harcele en poussant des cris de victoire et de joie: quelques coups de canon l'éloignent; et l'armée continue sa route, après avoir pris des vivres et le repos nécessaire.

Desaix, informé par ses espions que Mourad bey avoit l'intention de l'attendre à Sediman, et de lui livrer bataille, se dispose à l'attaquer lui-même.

Le 16, au lever du soleil, la division se met en mouvement; elle est formée en carré, avec des pelotons de flanc: elle suit l'inondation et le bord du désert. A huit heures on apperçoit Mourad bey à la tête de son armée, composée d'environ trois mille Mamloùks, et huit à dix mille Arabes. L'ennemi s'approche, entoure la division, et la charge, avec la plus grande impétuosité, sur toutes ses faces; mais de tous côtés il est vivement repoussé par le feu de l'artillerie et de la mousqueterie; les plus intrépides des Mamloùks, désespérant d'entamer la division , se précipitent sur l'un des pelotons de flanc commandé par le capitaine Lavallette, de la vingt-unieme légere. Furieux de la résistance qu'ils éprouvent, et de l'impuïssance où ils sont de l'enfoncer, les plus braves se jettent en désespérés dans les rangs, où ils expirent après avoir vainement employé à leur défense les armes dont ils sont couverts, leurs carabines, leurs javelots, leur lance, leur sabre et leurs pistolets. Ils tâchent du moins de vendre chèrement leur vie, et tuent plusieurs chasseurs.

De nouveaux détachements de Mamloûks saisissent ce moment pour charger deux fois le peloton entamé; les chasseurs se battent corps à corps, et, après des prodiges de valeur, se replient sur le carré de la division. Dans cette attaque, les Mamloûks perdent plus de 160 hommes; elle coûte aux braves chasseurs 13 hommes morts et 15 blessés.

Mourad bey après fait charger les autres pelotons sans plus de succès, divise sa nombreuse cavalerie, qui n'avoit encore agi que par masse, et fait entourer la division. Il couronne quelques monticules de sables, sur l'un desquels il démasque une batterie de plusieurs pieces de canon placées avec avantage et qui font un feu meurtrier.

Le général Desaix, devant un ennemi six fois plus fort que lui, et dans une position où une retraite difficile sur ses barques le forçoit à abandonner ses blessés, juge qu'il faut ou vaincre ou se battre jusqu'au dernier homme. Il dirige sa division sur la batterie ennemie qui est enlevée à la baïonnette.

Maître des hauteurs et de l'artillerie de Mourad bey, Desaix fait diriger une vive canonnade sur l'ennemi, qui bientôt fuit de toutes parts. Trois beys et beaucoup de kiachefs restent sur le champ de bataille, ainsi qu'une grande quantité de Mamloùks et d'Arabes. La division ramene ses blessés, prend quelque repos, et se met en marche à trois heures après midi pour Sediman, où elle s'empare d'une partie des bagages de l'ennemi, que les Arabes commençoient à piller.

Mourad bey se retire derriere le lac de Ghazah, dans le Faïoum : les Arabes l'abandonnent.

Les Français ont perdu, dans la bataille de Sediman, 340 hommes : 150 ont été blessés. Généraux, officiers et soldats, tous se sont couverts de gloire : la division part le 17 avec la flotille pour se rendre à Illahon ; elle s'empare des barques de l'ennemi qui s'y trouvoient.

Le général Desaix fait partir les blessés pour le Caire , où déja il avoit envoyé environ 400 hommes affectés d'ophtalmies , maladie occasionnée par les vapeurs du Nil, et malheureusement très commune dans la haute Egypte. La division reste à Illahon , d'où elle part pour lever les impositions et prendre les chevaux du Faïoum. Mourad bey avoit non seulement défendu aux habitants de payer, il avoit encore envoyé Ali kiachef àvec 150 Mamloùks et des Arabes pour soulever le pays.

Desaix laisse 350 hommes dans la ville de Faïoum, et il en part le 16 brumaire pour soumettre les villages insurgés. Il trouve sous les armes tous ceux dans lesquels il se présente; mais ils rentrent aussitôt dans l'obéissance, à l'exception du village de Liriné, où Ali kiachef soutient, contre l'avant-garde, un léger combat, à la suite duquel il prend la fuite, abandonnant six chameaux chargés d'effets. Le village est livré au pillage et brûlé.

Mourad bey, profitant du moment où le général Desaix avoit quitté le Faïoum pour parcourir la province, avoit envoyé environ mille Mamloùks pour soulever le pays et marcher sur la ville de Faïoum. Des beys et des kiachefs s'étoient répandus au nord et au midi de la province, pour soulever les Arabes et les Fellahs. Le 17, une multitude prodigieuse étoit déja réunie sous les armes. Le 18, à huit heures du matin, des Arabes paroissent au sud-ouest de la ville de Faïoum, et s'avancent vers la partie qui est sur la rive gauche du canal.

Le général Robin, atteint de l'ophtalmie, se trouvoit à Faïoum. Le chef de bataillon Expert étoit commandant de la place. Instruit des mouvements de l'ennemi, il retranche, autant que le permettent les moyens d'une ville ouverte de toutes parts, la maison où l'hôpital est établi.

Il n'avoit que 350 hommes et 150 malades. Sur les onze heures du matin, plus de trois mille Arabes, mille Mamloùks et une quantité prodigieuse de Fellahs armés s'avancent sur deux colonnes; une partie s'élance et escalade l'enceinte des faux-bourgs : ils avoient à leur tête des beys et des kiachefs. Tous attaquent en même temps et avec fureur sur tous les points.

Toutes les issues de la ville n'avoient pu être occupées. L'ennemi profite de cet avantage pour tourner les principaux postes, qui, après avoir fait une vive résistance, et couvert de morts les défilés qu'ils défendent, se retirent en bon ordre, en se ralliant à la maison d'Ali kiachef, où étoit l'hôpital. C'est là que le général Robin et le commandant Expert réunissent toutes leurs forces, afin d'éviter une guerre de rue trop meurtriere. Pendant que les Arabes et les Fellahs s'approchent en gagnant de toit en toit, le reste des assiégeants se précipite en foule, et sans précaution, par les grandes issues.

Le chef de bataillon Expert avoit prévu ce désordre, et, dans le dessein d'en profiter, il avoit formé dans l'hôpital deux colonnes retranchées.

Il commande lui-même la colonne de droite ; celle de gauche est confiée au chef de bataillon Sacro. Dès que l'ennemi est à portée, la réserve fait une fusillade terrible par les toits et les fenêtres ; en même temps les deux colonnes débouchent en battant la charge, et fondent à la baïonnette sur l'ennemi, qu'elles culbutent de rue en rue. La terreur s'empare également des Arabes et des Fellahs qui sont sur les maisons. La plupart, croyant la victoire assurée, se livroient au pillage ; tous veulent se sauver à la fois, et s'embarrassent dans leur fuite ; on en fait un carnage affreux ; l'ennemi est poursuivi jusqu'à une lieue de la ville par les chefs de bataillon Expert et Sacro, qui montrent l'un et l'autre une intrépidité et un sang froid qu'on ne peut trop admirer. L'ennemi laisse deux cents hommes tués dans la ville, et un grand nombre de blessés. Les Français ont eu quatre hommes tués et seize blessés.

Les habitants de la ville de Faïoum se réunissent aux Français, et poursuivent l'ennemi. Desaix s'étoit mis en marché pour cette ville aussitôt qu'il avoit été informé des dangers qui la menaçoient ; il y arrive le 20 frimaire au matin ; il apprend la victoire aussi glorieuse qu'inespérée de ses braves, et il s'empresse d'en profiter pour faire de nouvelles courses dans les provinces de Benesouef et de Miniet, et disputer la levée des impositions de ces provinces à Mourad bey, qui faisoit aussi des incursions dans l'intention de les percevoir.

Quoique battu à Sediman et à Faïoum, Mourad bey, à la faveur de sa cavalerie, que l'infanterie française ne pouvoit atteindre, restoit toujours maître des provinces de la haute Egypte, et conservoit une position menaçante.

Bonaparte envoie à Desaix un renfort de mille hommes de cavalerie et de trois pieces d'artillerie légere, commandées par le général Davoust, et lui donne ordre de poursuivre vivement Mourad bey jusqu'aux cataractes du Nil, de détruire les Mamloùks ou de les chasser entièrement de l'Egypte.

Le général Davoust, parti du Caire le 16 frimaire, se rend en quatre jours à Benesouef, et a bientôt rejoint le général Desaix. La division se met en mouvement le 26 frimaire pour attaquer Mourad bey qui étoit campé à deux journées de marche, sur la rive gauche du canal Joseph, et au bord du désert.

Le 27 frimaire, elle rencontre l'avant-garde de l'ennemi, formée par les Mamloùks de Selim-Aboudic. On les chasse du village de Fechen où ils venoient de prendre position, et ils se retirent sur le camp de Mourad bey, qui fuit à l'approche du général Desaix, et marche vers le Nil, qu'il se dispose à remonter. La division sur laquelle il avoit dix à douze heures d'avance, cherche en vain à l'atteindre. Elle bivouacque le 27 à Zafete-sain, le 28 à Bermin, le 30 à Zagny, où elle quitte les montagnes pour se rapprocher du fleuve. L'infanterie prend position à Taha, la cavalerie à Miniet, d'où Mourad bey avoit fui au lever du soleil, et avec tant de précipitation, qu'il avoit abandonné quatre djermes portant une piece de douze en bronze, un mortier de douze pouces, et quinze pieces de canon de fer de différents calibres.

Mourad bey se retire vers le haut Saïd ; Desaix le poursuit à grandes journées. Le premier nivose, la division couche près des anciens portiques d'Achmounain ; le 4, à Sioùt, et arrive le 9 à Girgé.

Mais la flottille, sans cesse retardée par des vents contraires, n'avoit pu mettre la même célérité dans ses mouvements. On avoit le plus grand besoin des munitions et des approvisionnements dont elle étoit chargée, et l'on se voit contraint de perdre à l'attendre vingt jours d'un temps précieux.

Mourab bey profite de cette inaction des Français pour leur susciter des ennemis de tous les côtés. Déja il avoit écrit aux chefs du pays de

Jedda et d'Yambo, pour les engager à passer la mer et à exterminer *une poignée d'infideles qui vouloient détruire la religion de Mahomet.* Des émissaires avoient été envoyés en Nubie, et en amenoient des renforts. D'autres s'étoient rendus à Hesney, près du vieil Hassan bey Jeddâoui, dans le dessein de le réconcilier avec Mourad bey, et de le déterminer à faire cause commune. Quelques uns enfin s'étoient répandus dans le beau pays entre Girgé et Sioùth ; leur but étoit de faire insurger les habitants sur les derrieres des Français, d'attaquer et détruire leur flottille.

Desaix fut informé dès le 12 nivose qu'un rassemblement considérable de paysans se formoit près de Souâgui, à quelques lieues de Girgé. Il étoit important de faire un exemple prompt et terrible des insurgés, afin de contenir les peuples dans l'obéissance, et de lever sans obstacle les impositions et l'argent dont on avoit besoin. Le général Davoust reçoit l'ordre de partir sur-le-champ avec toute la cavalerie, et de marcher contre ce rassemblement.

Ce général rencontre le 14 cette multitude d'hommes armés près du village de Souâgui. Il fait former à l'instant son corps de bataille par échelons, et ordonne à son avant-garde, composée du septieme de hussards et du vingt-deuxieme de chasseurs, de charger avec impétuosité. Les insurgés ne peuvent soutenir ce choc, ils fuient en désordre, et sont poursuivis long-temps. On leur tue plus de 800 hommes. Un pareil châtiment sembloit devoir répandre la terreur dans le pays; mais à peine la cavalerie rentroit à Girgé, que le général Desaix est informé qu'il se forme à quelques lieues de Sioùt un rassemblement beaucoup plus considérable que le premier, et composé de paysans à pied et à cheval, la plupart venus des provinces de Miniet, de Benesouef, et d'Hoara.

Le retard des barques, dont on n'avoit aucune nouvelle certaine, commençoit à donner de vives inquiétudes à Desaix, qui ordonne au général Davoust de marcher de nouveau à la tête de la cavalerie contre les rebelles, de sévir contre eux d'une maniere terrible, et de faire tous ses efforts pour amener la flottille.

Le 19 nivose, Davoust marche sur le village de Tahta. Au moment où il alloit y entrer, il apprend qu'un corps considérable de cavalerie ennemie charge son arriere-garde, formée d'un escadron du vingtieme de dragons; aussitôt il forme son corps de troupes, et se précipite sur les ennemis, qu'il taille en pieces; mille restent sur le champ de bataille; le reste prend la fuite. En les poursuivant, le général Davoust apperçoit la flottille à la hauteur de Sioùt; le vent étant devenu plus favorable, elle fait route, et arrive, le 29, à Girgé, où la cavalerie l'avoit devancée.

Le général Desaix étoit informé depuis quelques

jours par les rapports de ses espions que mille chérifs, habitants du pays d'Yamb'o et de Jedda, avoient passé la mer rouge, et s'étoient rendus à Cosséir sous les ordres d'un chef des Arabes d'Yamb'o; que de là ils s'étoient portés à Kéné, d'où ils avoient été se réunir à Mourad bey; que Hassan bey Jeddâoui et Osman bey Hassan, à la tête de deux cents cinquante Mamloùks, étoient déja arrivés à Houé; que des Nubiens, des Maugrabins, campoient dans ce dernier village; que, par suite des écrits incendiaires répandus par les Mamloùks, tous les habitants de l'Egypte supérieure, depuis les cataractes jusqu'à Girgé, étoient en armes et prêts à marcher; qu'enfin Mourad bey, plein de confiance dans une armée aussi formidable, s'étoit mis en marche pour attaquer les Français. Son avant-garde, en effet commandée par Osman bey Hassan, vient coucher le 2 pluviose dans le désert, à la hauteur de Samanhout.

Desaix, après avoir pris sur la flottille ce qui lui étoit le plus nécessaire, et lui avoir ordonné de suivre les mouvements de la division, part de Girgé, le 2 pluviose, pour aller à la rencontre des ennemis, et va coucher à êl-Macera. Le 3, l'avant-garde, formée par le septieme de hussards et commandée par le chef de brigade Duplessis, rencontre celle de l'ennemi sous les murs de Samanhout.

Le général Desaix, arrivé quelques instants

äprès, partage son infanterie en deux carrés égaux ; sa cavalerie, formant elle-même un carré, est placée dans l'intervalle des deux autres, de maniere à être protégée et flanquée par leur feu.

A peine ces dispositions sont-elles faites que l'ennemi s'avance de toutes parts. Sa nombreuse cavalerie cerne la division, et une colonne d'infanterie, composée en partie des Arabes d'Yambo, commandée par les chérifs et les chefs de ce pays, se jette dans un grand canal sur la gauche des Français, qu'elle commence à inquiéter par la vivacité de son feu. Desaix ordonne à ses aides-de-camp Rapp et Savary de se mettre à la tête d'un escadron du septieme de hussards, et de charger l'ennemi en flanc, pendant que le capitaine Clément, avec les carabiniers de la vingt-unieme légere, s'avanceroit en colonne serrée dans le canal, et enfonceroit celle des ennemis. Cet ordre est exécuté avec autant de bravoure que de précision ; l'ennemi est culbuté, il prend la fuite, laissant sur la place une quinzaine de morts, et emmenant un grand nombre de blessés. Un carabinier, qui étoit parvenu à enlever des drapeaux de la Mekke, fut tué d'un coup de poignard : sa perte est la seule que les Français aient eue à regretter dans cette action, qui les rendit maîtres du village de Samanhout.

Cependant les innombrables colonnes ennemies s'avançoient en poussant des cris affreux, et se disposoient à l'attaque. Déja la colonne des Arabes d'Yamb'o s'est ralliée. Elle attaque et veut enlever le village de Samanhout; mais les intrépides carabiniers de la vingt-unieme font un feu si vif et si bien nourri, qu'elle est forcée de se retirer avec une perte considérable.

Les Mamloùks se précipitent sur le carré commandé par le général Friant, tandis que plusieurs colonnes d'infanterie se portent sur celui que commande le général Belliard; on leur riposte par un feu d'artillerie et de mousqueterie si terrible, qu'ils sont dispersés en un instant, et obligés de rétrograder, laissant le terrain couvert de leurs morts.

Le général Davoust reçoit l'ordre de charger le corps des Mamloùks, où se trouvent Mourad et Hassan qui paroissent vouloir conserver leur position; mais ils n'attendent pas la charge de ce général, et la fuite précipitée de Mourad bey devient le signal de la retraite générale. L'ennemi est poursuivi pendant quatre heures l'épée dans les reins. La division ne s'arrète qu'à Farchoute, où elle trouve beaucoup de Mamloùks expirant de leurs blessures. Les ennemis dans cette journée, outre un grand nombre de blessés, ont eu plus de deux cents cinquante hommes tués, dont cent Arabes d'Yamb'o; les Français n'ont eu que quatre hommes tués, et quelques blessés.

Le succès de ce combat est principalement dû à l'artillerie légere que commandoit le chef de brigade Latournerie, officier également recommandable par son activité et ses talents militaires.

Le 4, à une heure du matin, on continue de poursuivre Mourad bey; une soixantaine d'Arabes d'Yamb'o, qu'on rencontre dans un village, sont taillés en pieces. Une grande partie de cette infanterie étrangere avoit repassé le fleuve et fuyoit avec précipitation : beaucoup se dispersent dans le pays.

Desaix arrive, le 9, à Hesney, où il laisse le général Friant et sa brigade, et part lui-même, le 10, pour Sienne, où il arrive le 13, après avoir essuyé des fatigues excessives en traversant les déserts, et chassant toujours l'ennemi devant lui.

Mourad, Hassan, Soliman, et huit autres beys, voyant qu'ils sont poursuivis avec un acharnement qui ne leur laisse aucune ressource; que leurs Mamloûks, exténués de fatigue, sont dans l'impossibilité de se battre; que le nombre des déserteurs augmente chaque jour; qu'ils ont perdu beaucoup de chevaux et une grande partie de leurs équipages; qu'ils n'ont point de relâche à espérer des Français, prennent le parti de se jeter dans l'affreux pays de Bribe, au-dessus des cataractes, et à quatre grandes journées de Sienne.

Le 14, le général Desaix marche vers l'isle de

Philé, en Ethiopie, où il prend beaucoup d'effets et plus de 150 barques que les Mamloùks y ont conduites avec des peines infinies, et qu'il sont contraints d'abandonner à l'approche des Français. Desaix, n'ayant point trouvé de barques près de Philé, ne peut entrer dans cette isle; mais il confie le soin de s'en emparer au général Belliard, qu'il laisse à Sienne avec la vingt-unieme légere. La division, en traversant l'Egypte supérieure, trouve une quantité prodigieuse de monuments antiques de la plus grande beauté. Les ruines de Thebes, les débris du temple de Tentira étonnent les regards du voyageur, et méritent encore l'admiration du monde.

Le 16 pluviose, le général Desaix part de Sienne pour Hesney, où il arrive, le 21, avec sa cavalerie, qu'il avoit divisée en deux corps sur les deux rives du Nil. Celui de la rive droite est commandé par l'adjudant-général Rabasse.

Osman bey Hassan n'avoit pas suivi Mourad à Sienne. Arrivé près de Rabain, il y avoit passé le Nil avec 250 Mamloùks environ, et vivoit sur la rive droite dans les villages de sa domination. Lorsqu'il apprit l'arrivée des Français à Sienne, il s'enfonça dans les déserts. Le général Desaix, dont la cavalerie étoit harrassée, et qui étoit pressé de retourner à Hesney, s'étoit contenté, pour le moment, de détruire les ressources d'Osman bey Hassan.

Le général Friant, que Desaix avoit laissé à Hesney en se rendant à Sienne, avoit eu avis que les
débris des Arabes d'Yamb'o se rallioient dans les
environs de Kéné, sur la route de Cosséir; dès
le 18, il avoit formé une colonne mobile composée de la soixante-unieme et des grenadiers de la
quatre-vingt-huitieme; cette colonne, commandée
par le chef de brigade Conroux, avoit une piece
de canon. Elle se porta avec rapidité sur Kéné,
petite ville fort importante par le grand commerce
qu'elle fait avec les habitants des rives de la mer
rouge.

Desaix, à son arrivée à Hesney, est informé
que le chef des Arabes d'Yamb'o se tient caché
dans les déserts, où il attend l'arrivée d'un second
convoi; il envoie aussitôt le général Friant, et le
reste de sa brigade, vers Kéné, avec l'ordre de lever des contributions en argent et en chevaux jusqu'à Girgé, aussitôt qu'il se seroit assuré des habitants de cette partie de la rive droite, fort diffi-
ciles à gouverner.

D'autres rapports annonçoient qu'Osman bey
Hassan étoit revenu sur les bords du fleuve, et
continuoit d'y faire vivre sa troupe. Desaix, ne
voulant pas lui permettre de séjourner aussi près
de lui, envoie à sa poursuite le général Davoust,
avec le vingt-deuxieme de chasseurs et le quinzieme de dragons.

Le 24, à la pointe du jour, ce général apprend

qu'Osman bey Hassan est sur le bord du Nil, et que ses chameaux font de l'eau. Il fait presser la marche; bientôt ses éclaireurs lui annoncent que l'on voit des chameaux qui rentrent dans le désert; que les ennemis sont au pied de la montagne, et paroissent protéger leur convoi.

Le général Davoust forme sa cavalerie sur deux lignes, et s'avance avec rapidité sur les Mamloùks, qui, d'abord, ont l'air de se retirer. Mais tout-à-coup ils font volteface, et fournissent une charge vigoureuse sous le feu meurtrier du quinzieme des dragons. Plusieurs Mamloùks tombent sur la place. Le chef d'escadron Fontette est tué d'un coup de sabre. Osman bey a son cheval tué sous lui : il est lui-même dangereusement blessé. Le vingt-deuxieme de chasseurs se précipite avec impétuosité sur l'ennemi. On combat corps à corps; le carnage devient affreux; mais, malgré la supériorité des armes et du nombre, les Mamloùks sont forcés d'abandonner le champ de bataille, où ils laissent un grand nombre des leurs et plusieurs kiachefs; ils se retirent rapidement vers leurs chameaux, qui, pendant le combat, avoient continué leur route dans le désert.

Parmi les beaux traits qui ont honoré cette mémorable journée, on remarque celui de l'aide-de-camp du général Davoust, le citoyen Montléger, qui, blessé dans le fort du combat, et ayant eu son cheval tué sous lui , se saisit du cheval d'un Mamloùk , et sortit ainsi de la mêlée.

Osman bey se retire dans l'intérieur des déserts, sur la route de Cosséir , près d'une citerne nommée la Kuita. Il étoit à présumer que, ne pouvant y vivre qu'avec beaucoup de difficulté , il reviendroit vers Radésie, et passeroit même sur la rive gauche , dans un village qui lui appartenoit près d'Etfou. En conséquence, le général Desaix envoie dans ce village un détachement de 160 hommes de la vingt-unieme légere , commandé par son aide-de-camp Clément. Le 26 , le général Davoust rentre à Hesney; et, le 27, Desaix part de cette ville pour Kous. Il laisse à Hesney une garnison de deux cents hommes du soixante-unieme et du quatre-vingt-huitieme , sous les ordres du citoyen Binot , aide-de-camp du général Friant qui , avec les mêmes troupes , avoit conduit un fort convoi à Sienne.

Le général Desaix se mettoit en route lorsqu'il reçut des dépéches du chef de brigade Conroux , commandant la colonne mobile que le général Friant avoit envoyée, le 18 pluviose , vers Kéné, à la poursuite des Arabes d'Yamb'o. Le chef de ces Arabes , qui se tenoit caché dans les environs de Kéné , voyant que les habitants leur fournissoient peu de vivres, qu'ils manquoient de moyens pour retourner à Cosséir , et qu'il falloit se faire des ressources pour gagner le temps de l'arrivée du deuxieme convoi qu'il attendoit, avoit formé le projet d'enlever Kéné. En conséquence, le 24 pluviose, à onze heures du soir, tous les postes de la soixante-unieme sont attaqués en même temps par les Arabes, qui avoient entraîné dans leurs rangs une foule de paysans. Aussitôt les troupes sont sous les armes ; elles marchent à l'ennemi, et le culbutent de toutes parts.

Le chef de brigade Conroux, jeune officier plein d'ardeur, d'intelligence et d'activité, en se portant d'un point de la ligne à l'autre, reçoit sur la tête un coup de pique qui l'étend par terre. Ses grenadiers se précipitent autour de lui et l'emportent sans connoissance, jurant tous de le venger. La vive défense que la colonne avoit opposée aux attaques de l'ennemi l'avoit forcé de se retirer. La nuit étoit fort obscure, et l'on attendoit avec impatience le lever de la lune pour le poursuivre. Le chef de bataillon Dorsenne, qui commandoit la place, veilloit avec le plus grand soin à sa défense, et se disposoit à continuer l'action que la nuit avoit suspendue. A peine les mesures sont-elles prises, que les ennemis reviennent en foule en poussant des hurlements épouvantables. Après avoir été reçus, comme la premiere fois, par une fusillade extrêmement vive, ils sont chargés avec tant d'impétuosité, qu'ils sont mis à

l'instant dans une déroute complete. On les poursuit pendant des heures entieres. En fuyant, deux
à trois cents de ces malheureux se jettent dans un
enclos de palmiers, où, malgré les feux de demi-
bataillon que fait diriger contre eux le chef de
bataillon Dorsenne, ils s'acharnent à se défendre
jusqu'au dernier.

On estime à plus de trois cents hommes tués la
perte de l'ennemi dans cette affaire, qui n'a coûté
au vainqueur que trois blessés, au nombre desquels se trouve le chef de bataillon Dorsenne,
dont la conduite mérite les plus grands éloges.

Ce n'est que quelques heures après ce combat,
que, malgré toute la diligence qu'il avoit faite,
on vit arriver à Kéné le général Friant, avec le
septieme de hussards.

Le général Desaix, parti le 27 de Hesney, étoit
arrivé, le 29 pluviose, à Kous, avec les quator-
zieme et dix-huitieme régiments de dragons; il
avoit détaché à quelques lieues les quinzieme et
vingtieme, sous les ordres du chef de brigade
Pinon, vers Salamié, point extrêmement important, et qui est un débouché de la Kuita. Il ordonne que l'on s'occupe par-tout, avec activité,
de la levée des chevaux, et de la perception des
impôts en argent, dont on avoit le plus grand
besoin.

Après le combat de Kéné, les Arabes d'Yamb'o

s'étoient retirés dans les déserts d'Aboumana ;
leur chérif Hassan, fanatique exalté et entreprenant, les entretenoit dans l'espoir d'exterminer
les *infideles* aussitôt que les renforts qu'il attendoit seroient arrivés. Provisoirement il mettoit
tout en œuvre pour soulever tous les vrais
croyants de la rive droite. A sa voix toutes les
têtes s'échauffent, tous les bras s'arment ; déja
une multitude d'Arabes est accourue à Aboumana.
Des Mamloùks fugitifs et sans asyle s'y rendent
également. L'orage grossît. Les belliquèux habitants de la rive droite vont éprouver à leur tour
ce que peut la valeur française.

Le 29 pluviose, le général Friant arrive près
d'Aboumana, qu'il trouve rempli de gens armés.
Les Arabes d'Yamb'o sont en avant rangés en bataille. Ses grenadiers le sont déja en colonne d'attaque, commandée par le chef de brigade Conroux.
Après avoir reçu plusieurs coups de canon, et à
l'approche des grenadiers, la cavalerie et les paysans prennent la fuite ; mais les Arabes tiennent
bon. Le général Friant forme alors deux colonnes
pour tourner le village, et leur enlever leurs
moyens de retraite. Ils ne peuvent résister au
choc terrible des grenadiers ; ils se jettent dans
le village, où ils sont assaillis et mis en pieces.
Cependant une autre colonne, commandée par le
citoyen Silly, chef de brigade commandant la qua-

tre-vingt-huitieme, poursuivoit les fuyards ; ses soldats y mirent tant d'acharnement, qu'ils s'enfoncerent cinq heures de marche dans les déserts, et arriverent au camp des Arabes d'Yamb'o : fort heureusement ils y trouverent, avec beaucoup d'effets de toute espece, de l'eau et du pain. Le général Friant ne voyoit point revenir cette colonne ; son inquiétude étoit extrême, et augmentoit à chaque instant. Il pensoit que, si elle ne se perdoit pas dans les immenses plaines de déserts où elle s'étoit jetée, au moins perdroit-elle beaucoup de soldats, que la faim et sur-tout la soif auroient accablés. Mais quelle fut sa surprise de les voir revenir frais et chargés de butin. Un Arabe, que l'on avoit fait prisonnier en entrant dans le désert, avoit conduit la colonne au camp ennemi.

Les Arabes d'Yamb'o ont perdu dans cette journée quatre cents morts, et ont eu beaucoup de blessés. Une grande quantité de paysans furent tués dans les déserts ; les Français n'ont eu que quelques blessés.

Après le combat d'Aboumana, le général Friant continue sa route vers Girgé, où il arrive, le 3 ventose. Il y laisse un bataillon de la quatre-vingt-huitieme sous les ordres du chef de brigade Morand ; et, deux jours après, il se porte à Farchoute, d'où il renvoie les deux bataillons de la soixante-unieme à Kéné.

Dans cet intervalle, le général Belliard écrivit à Desaix qu'ayant appris que Mourad bey avoit fait un mouvement pour se rapprocher de Sienne, il avoit marché à lui, et l'avoit forcé de rentrer dans le mauvais pays de Bribe. Quelques jours après, ce général manda que plusieurs kiachefs, et une centaine de Mamloùks, s'étoient jetés dans les déserts de la rive droite pour éviter Sienne, et alloient rejoindre Osman bey Hassan à la Kuita. Le détachement que Desaix avoit à Etfou les vit; mais il se mit vainement à leur poursuite.

D'autres avis apprirent que Mahamet bey el-Elphi, séparé de son armée par l'effet d'une charge de cavalerie, le jour de la bataille de Samanhout, après avoir passé quelque temps dans les oasis au-dessus d'Ackmin, s'étoit rendu à Sioùt, où il levoit de l'argent et des chevaux; et que les tribus arabes de Coraïm et Bénouafi l'aidoient dans ses projets.

Enfin Desaix fut encore informé que les beys Mourad, Hassan, et plusieurs autres, à la tête de sept à huit cents chevaux et beaucoup de Nubiens, avoient paru tout-à-coup devant Hesney, le 7, à la pointe du jour; que son aide-de-camp, le citoyen Clément, à la tête de son détachement de cent soixante hommes de la vingt-unieme, étoit sorti d'Hesney, et avoit présenté la bataille à cet immense rassemblement, qui avoit été intimidé par l'audace et la valeur qu'on lui opposoit; qu'il les avoit harcelés pendant une heure ; que les ennemis avoient préféré la fuite au combat, et avoient forcé de marche sur Arminte.

Tous ces rapports réunis, et le bruit général du pays, firent juger au général Desaix que le point de ralliement des ennemis étoit à Sioùt ; en conséquence il rassemble ses troupes, ordonne au général Belliard, qui étoit descendu de Sienne à la suite des Mamloùks, de laisser une garnison de quatre cents hommes à Hesney, et de continuer à descendre en observant bien les mouvements des Arabes d'Yamb'o, qu'il doit combattre par-tout où il les rencontrera.

Le 12, le général Desaix passe le Nil, et se porte sur Farchoute, où il arrive le 13, laissant un peu derriere lui la djerme armée *l'Italie*, et plusieurs barques chargées de munitions et de beaucoup d'objets d'artillerie. *L'Italie* portoit des blessés, quelques malades, les munitions de la soixante-unieme demi-brigade, et quelques hommes armés.

Il marche rapidement sur Sioùt, pour ne pas donner le temps à Mourad bey de se réunir à Elphi bey, et les combattre, si déja cette réunion étoit opérée. Sur la route, il apprend, près de Girgé, qu'à leur passage les troupes de Mourad bey étoient parvenues à faire soulever un nombre

infini de paysans, toujours prêts à combattre les
Français dès qu'ils faisoient un mouvement pour
descendre ; que ces paysans sont commandés par
des principaux cheyks du pays, entre autres par
un Mamloùk brave et vigoureux , et qu'ils sont à
quelques lieues de l'armée française.

Combat de Souhama.

Dès que l'on vit paroître les ennemis , le général Friant forma trois gros corps de troupes pour
les envelopper et les empêcher de gagner le désert.
Cette manœuvre eut un succès complet : en un
instant, mille de ces rebelles sont tués ou noyés ;
le reste a beaucoup de peine à s'échapper, et ne
fait sa retraite qu'à travers une grêle de balles.

Le général Friant ne perdit pas un homme dans
ce combat, à la suite duquel on prit cinquante
chevaux, que leurs maîtres avoient abandonnés
pour se jeter à la nage.

Le lendemain de cette affaire, les Mamloùks
furent poursuivis de si près, que Mourad bey se
décida à faire route vers Elouah, n'emmenant que
cent cinquante hommes avec lui. Les autres s'enfoncerent un peu plus dans le désert, et firent
route vers Sioùt, où le général Desaix arriva
peu de temps après eux.

A son approche, Elphi bey avoit repassé le fleuve,

et étoit retourné dans la petite oasis d'Ackmin ; quelques kiachefs et Mamloùks de Mourad
bey l'y suivirent, ainsi qu'Osman bey Cherkaoui ;
les autres se jeterent dans les déserts au-dessus de
Bénéadi, où ils éprouverent les horreurs de la
faim ; beaucoup déserterent et vinrent à Sioùt ;
d'autres préférerent se cacher dans les villages,
où, pour vivre, ils vendirent leurs armes : ils se
sont depuis réunis aux Français.

Cependant le chérif Hassan venoit de recevoir
un second convoi, qui le renforçoit de 1500 hommes : les débris du premier le rejoignent. A peine
sont-ils réunis, qu'il apprend que le général Desaix a laissé des barques en arriere, qu'un vent
du nord très violent les empêche de descendre,
et qu'avec des peines infinies elles n'ont pu venir
qu'à la hauteur du village de Bénout, dont il n'est
qu'à une lieue et demie. Sur-le-champ il en prévient Osman bey Hassan à la Kuita, se met en
marche et arrive sur le Nil ; aussitôt les barques
sont attaquées par une forte fusillade ; l'*Italie* répond par une canonnade terrible, et cent Arabes
d'Yamb'o restent morts. Les ennemis viennent à
bout de s'emparer des petites barques, mettent à
terre les munitions de guerre et les objets d'artillerie dont ils jugent avoir besoin, les remplissent
de monde, et courent à l'abordage sur l'*Italie*.
Alors le commandant de cette djerme, le coura-

geux Morandi, redouble ses décharges à mitraille;
mais ayant déja un grand nombre de blessés à son
bord , et voyant beaucoup de paysans qui vont
l'attaquer de la rive gauche, il croit trouver son
salut dans la fuite ; il met à la voile ; il avoit peu
de monde pour servir ses manœuvres ; le vent
étoit très fort ; sa djerme échoue. Alors les ennemis abordent de tous côtés ; l'intrépide Morandi a
refusé de se rendre; il n'a plus d'espoir : il met le
feu aux poudres de son bâtiment et se jette à la
nage. Dans le moment il est assailli par une grêle
de balles et de pierres, et expire dans les tour-
ments. Tous les malheureux Français qui échap-
perent aux flammes de l'*Italie* sont massacrés par
les fanatiques et cruels Arabes d'Yamb'o. Cet
avantage avoit doublé l'espoir du chérif; déja il
avoit annoncé la destruction des Français comme
certaine : il y avoit, disoit-il, un petit corps d'infideles près de lui, qu'il alloit écraser.

*Combat de Cophtos. Assaut du village et de la
maison fortifiée de Bénout.*

Le 18 matin, le général Belliard , après avoir
passé le Nil à Elkamouté, arrive près de l'ancienne
Cophtos. A l'instant il apperçoit déboucher , tambour battant et drapeaux déployés, trois colonnes
nombreuses d'infanterie, et plus de 3 à 4 cents
Mamloùks, dont le nombre venoit d'augmenter

par l'arrivée d'Hassan bey Jeddâoui, qui avoit passé le Nil à Etfou.

Le général fait former son carré (il n'avoit qu'une piece de canon de 3). Une des colonnes ennemies, la plus considérable, composée d'Arabes d'Yamb'o, s'approche : l'audace est peinte dans sa marche. A la vue des tirailleurs français, le fanatique Hassan entre dans une sainte fureur, et ordonne à cent de ses plus braves de se jeter sur ces infideles, et de les égorger. Au lieu d'être épouvantés, les tirailleurs se réunissent et les attendent de pied ferme. Alors s'engage un combat de corps à corps, et dont le succès restoit incertain, lorsqu'une quinzaine de dragons du vingtieme chargent à bride abattue, séparent les combattants, sabrent plusieurs Arabes d'Yamb'o, pendant que les chasseurs reprennent leurs armes, et taillent en pieces tous les autres. Plus de 5o Arabes d'Yamb'o restent sur la place. L'adjudant-major Laprade en tue deux de sa main. Deux drapeaux de la Mekke sont pris.

Pendant cette action, des coups de canon bien dirigés empêchoient le chérif de donner des secours à ses éclaireurs, et faisoient rebrousser chemin aux deux autres colonnes; mais les Mamloùks avoient tourné le carré, et feignoient de vouloir le charger en queue : on détache 25 tirailleurs qui les contiennent long-temps.

Le général Belliard fait continuer la marche; et,

après avoir passé plusieurs fossés et canaux dé-
fendus et pris de suite, il arrive près de Bénout.
Le canon tiroit déja sur les tirailleurs : Belliard
reconnoît la position des ennemis, qui avoient
placé 4 pieces de canon de l'autre côté d'un canal
extrêmement large et profond ; il fait former les
carabiniers en colonne d'attaque, et ordonne que
l'on enleve ces pieces au moment où le carré passeroit le canal, et menaceroit de tourner l'ennemi.

En effet on bat la charge, et les pieces alloient
être enlevées par les carabiniers, lorsque les Mamloûks, qui avoient rapidement fait un mouvement
en arriere, se précipitent sur eux à toute bride.
Les carabiniers ne sont point étonnés ; ils s'arrêtent, et font une décharge de mousqueterie si
vive, que les Mamloûks sont obligés de se retirer
promptement, laissant plusieurs hommes et chevaux sur la place ; les carabiniers se retournent,
se jettent à corps perdu sur les pieces, y massa-
crent une trentaine d'Arabes d'Yamb'o, les enlevent et les dirigent sur les ennemis, qui se je-
toient dans une mosquée, dans une grande barque,
dans plusieurs maisons du village, sur-tout dans
une maison de Mamloûks dont ils avoient crenelé
les murailles, et où ils avoient tous leurs effets et
leurs munitions de guerre et de bouche.

Alors le général Belliard forme deux colonnes,
l'une destinée à cerner de très près la grande mai-

son, l'autre à entrer dans le village, et à enlever
de vive force la mosquée et toutes les maisons où
il y auroit des ennemis. Quel combat, et quel
spectacle ! Les Arabes d'Yamb'o font feu de toutes
parts ; les Français entrent dans la barque, et
mettent à mort tout ce qui s'y trouve ; le chef de
brigade Eppler, excellent officier, et d'une bravoure distinguée, commandoit dans le village ; il
veut entrer dans la mosquée ; il en sort un feu si
vif qu'il est obligé de se retirer. Alors on embrase
cette mosquée, et les Arabes d'Yamb'o, qui la
défendent, y périssent dans les flammes ; vingt
autres maisons subissent le même sort ; en un instant le village ne présente que des ruines, et les
rues sont comblées de morts ; jamais on n'a vu un
pareil carnage.

La grande maison restoit à prendre ; Eppler se
charge de cette expédition. Par toutes les issues on
arrive à la grande porte ; les sapeurs de la demi-
brigade la brisent à coups de hache, pendant que
les sapeurs de la ligne faisoient crouler la muraille
du flanc gauche, et que des chasseurs mettoient
le feu à une petite mosquée attenante à la maison, et où les ennemis avoient renfermé leurs
munitions de guerre. Les poudres prennent feu,
vingt-cinq Arabes d'Yamb'o sautent en l'air, et le
mur s'écroule de toutes parts. Aussitôt Eppler
réunit ses forces sur ce point, et, malgré les pro-

diges de valeur de ces fanatiques forcenés, qui, le fusil dans la main droite, le sabre dans les dents, et nus comme des vers, veulent en défendre l'entrée, il parvient à se rendre maître de la grande cour; alors la plupart vont se cacher dans des réduits, où ils sont tués quelques heures après.

Les Arabes d'Yamb'o ont eu, dans cette sanglante journée, douze cents hommes de tués et un grand nombre de blessés; les Français ont repris toutes leurs barques, excepté *l'Italie*, neuf pieces de canon, et deux troupeaux. Le chérif Hassan a été trouvé parmi les morts. De son côté, le général Belliard a eu une trentaine de morts et autant de blessés. Du nombre des premiers se trouve le citoyen Bulliand, capitaine des carabiniers, officier du plus grand mérite.

Ce n'est qu'après les combats de Cophtos et de Bénout, que le général Desaix reçut, pour la premiere fois depuis son départ de Kouhé, des nouvelles du général Belliard, dont les Arabes d'Yamb'o interceptoient les lettres; il mandoit que les chasseurs n'avoient plus que vingt-cinq cartouches chacun; qu'il n'avoit plus un seul boulet à tirer, et seulement une douzaine de coups de canon à mitraille; qu'il étoit nécessaire de l'approvisionner le plus promptement possible, vu que les Mamlouks d'Hassan et d'Osman Hassan, et les Arabes d'Yamb'o venoient de redescendre à Birambra.

Desaix rassemble aussitôt tout ce qu'il peut de munitions de guerre, les charge sur des barques de transport, passe le Nil le 28 ventose, et se met en marche pour accompagner le convoi. Les ennemis étoient battus, mais non détruits; pour arriver à ce but, le général Desaix croit devoir adopter un systême de colonnes successives, de maniere à forcer l'ennemi à rester dans les déserts, ou au moins à faire de très grandes marches pour arriver dans le pays cultivé.

Le 10 germinal, il arrive à Kéné, ravitaille les troupes du général Belliard, et, le 11, se met en marche pour aller combattre les ennemis, qui, depuis deux jours, étoient postés à Kouhé.

A son approche, ils rentrent dans les déserts, et se séparent. Hassan bey et Osman bey vont à la Kuita, et le chérif descend vers Aboumana, où étoit déja Osman bey Cherkaoui; mais six à sept cents habitants de l'Yamb'o et de Gedda l'abandonnent et retournent à Cosséir. Le général Belliard est envoyé avec la vingt-unieme et le vingtieme de dragons au village d'Adjazi, principal débouché de la Kuita, et le général Desaix, avec les deux bataillons de la soixante-unieme, le septieme de hussards et le dix-huitieme de dragons, se rend à Birambra, autre débouché de la Kuita, et où il y a une bonne citerne. Par ce moyen, les ennemis ne pouvoient sortir des

déserts sans faire quatre jours de marche extrêmement pénible. Le général Belliard a l'ordre
de rassembler des chameaux pour porter de
l'eau, et de marcher à la Kuita, laissant un
fort détachement à Adjazi. Hassan et Osman
eurent avis de ces préparatifs, et partirent. Le
12, à onze heures du soir, ils arriverent à la
hauteur du général Desaix dans les déserts; un
de leurs déserteurs l'en prévint, et ajouta que leur
intention étoit de rejoindre les Arabes d'Yamb'o.
Il donne de suite avis de ce mouvement au général Belliard, qui envoie, pour le relever, un
détachement de sa brigade, tandis qu'à travers
les déserts le général Desaix se met en marche,
le 23, pour Kéné, où il avoit laissé trois cents
hommes.

Après une heure de marche environ, un des
hussards qui étoient en éclaireurs annonce les
Mamloùks. L'adjudant-général Rabasse, qui commande l'avant-garde, prévient le général Davoust, et s'avance pour mieux reconnoître l'ennemi et soutenir ses éclaireurs qui déja étoient
chargés. Bientôt il l'est lui-même: il soutient le
choc avec une bravoure et une intelligence ad-
mirables: mais le nombre l'accable, et, quoique
culbuté avec son cheval, il se retire sans perte
sur le corps de bataille, où le général Desaix
venoit d'arriver; l'ordre est aussitôt donné à

l'infanterie d'avancer, et à la cavalerie de prendre position sur un monticule extrêmement escarpé, pour y attendre et recevoir la charge ; mais on ne peut parvenir à l'y placer. Une grande valeur animoit le chef de brigade Duplessis : il desiroit depuis long-temps trouver l'occasion de se signaler. Il ne peut voir arriver de sang-froid l'ennemi, et son courage impatient lui fait oublier l'exécution des ordres qu'il a reçus ; il se porte à quinze pas en avant de son régiment, et fait sonner la charge. Il se précipite au milieu des ennemis, et y fait des traits de la plus grande valeur ; mais il a son cheval tué, et l'est bientôt lui-même d'un coup de trombon. Sa mort jette un peu de désordre ; le général Davoust est forcé de faire avancer la ligne des dragons. Ces braves, commandés par le chef d'escadron Bouvaquier, chargent si impétueusement les Mamloùks, qu'ils sont obligés de se retirer en désordre, abandonnant le champ de bataille.

L'infanterie et l'artillerie n'avançoient que lentement et péniblement dans le sable ; tout étoit fini quand elles arriverent. Cette affaire, dans laquelle les Mamloùks ont eu plus de vingt morts et beaucoup de blessés, parmi lesquels Osman Hassan, a coûté aux Français plusieurs officiers, entre autres l'intrépide Bouvaquier, chef d'escadron, plusieurs soldats tués et quelques blessés.

Après ce combat, les Mamloùks firent un cro-
chet, et retournerent promptement à la Kuita,
laissant plusieurs blessés et des chevaux dans les
déserts. Le général Desaix écrit au général Belliard
de les y chercher s'ils y restent, et de les suivre
par-tout s'ils en sortent. Il revient le même jour
à Kéné ; il forme une colonne mobile, composée
d'un bataillon de la soixante-unieme, et du
septieme de hussards, qu'il met à la disposition
du général Davoust, auquel il donne l'ordre de
détruire jusqu'au dernier des Arabes d'Yamb'o,
qu'on annonçoit être toujours dans les environs
d'Aboumana. En même temps, le commandant
de Girgé avoit ordre de se porter au rocher de
la rive droite qui fait face à cette ville, pour
les combattre et les arrêter dans le cas de retraite ;
ils étoient forcés d'y passer.

Les Arabes d'Yamb'o sentirent que le moment
étoit difficile ; ils se déciderent à ne pas attendre
le général Davoust, et passerent le Nil au-dessus
de Bardis.

Le commandant de Girgé, qui en est informé,
va les reconnoître, revient à Girgé, prend deux
cents cinquante hommes de sa garnison, et va à
leur rencontre.

Combats de Bardis et de Girgé.

Le 16, après midi, le chef de brigade Morand arrive à la vue de Bardis. Les Arabes d'Yamb'o, beaucoup de paysans, des Mamloùks, et des Arabes, sortent aussitôt du village en poussant de grands cris; le citoyen Morand leur fait faire une vive décharge de mousqueterie : ils répondent, et battent un peu en retraite. Le nombre des ennemis étoit considérable ; la position de Morand étoit bonne ; il avoit peu de troupes : il crut devoir y rester. Une demi-heure après il fut attaqué de nouveau, et reçut les ennemis comme la premiere fois ; ils laisserent beaucoup de leurs morts sur la place, et s'enfuirent à la faveur de la nuit qui arrivoit ; Morand en profita aussi pour revenir à Girgé couvrir ses établissements.

Un nouveau combat fut livré le lendemain. Les Arabes d'Yamb'o marcherent sur Girgé, où ils parvinrent à pénétrer. Pendant qu'ils cherchoient à piller le bazar, Morand forme deux colonnes ; il dirige l'une dans l'intérieur de la ville, et l'autre en dehors. Cette disposition réussit à souhait ; tout ce qui étoit entré dans la ville fut tué : le reste s'enfuit vers les déserts. Dans ces deux jours, les Arabes d'Yamb'o ont perdu deux cents morts ; le citoyen Morand a eu quelques blessés.

Le chef de bataillon Ravier l'a très bien secondé dans cette affaire, où il a donné des preuves de zele et d'intelligence.

Le général Davoust, qui avoit su la défaite des Arabes d'Yamb'o, passa le Nil ; mais il ne put arriver à Girgé qu'après le combat, et lorsque la nouvelle d'une derniere défaite des Arabes d'Yamb'o y parvenoit. Voici ce qui y donna lieu.

Dès le 14 germinal, le commandant Pinon, qui étoit resté à Sioùt pour gouverner la province, avoit écrit au citoyen Lasalle de venir à Sioùt, pendant qu'il iroit donner la chasse à des Arabes qui inquiétoient les environs de Mélaoni. Le citoyen Lasalle, qui étoit resté à Tahta avec son régiment, s'y rendit. Pinon revint le 19, et le même jour il eut avis que les Arabes d'Yamb'o, après avoir été battus à Girgé, étoient venus dévaster Tahta, et que leur chef cherchoit encore à soulever le pays.

Combat de Géhémi.

Le 20, le citoyen Lasalle part pour aller les attaquer, ayant sous ses ordres un bataillon de la quatre-vingt-huitieme, le vingt-deuxieme de chasseurs, et une piece de canon.

Le 21, à une heure après midi, le citoyen Lasalle arrive près de Géhémi, village extrêmement grand, où étoient les Arabes d'Yamb'o. Il fait de suite cerner le village par des divisions de son régiment, et marche droit à l'ennemi avec l'infanterie. Les Arabes d'Yamb'o font une décharge de mousqueterie, et se jettent dans un enclos à doubles murailles, qu'ils venoient de creneler. Malgré le feu du canon et la fusillade, ils résistèrent plusieurs heures; enfin ils furent enfoncés. Ceux qui ne furent pas tués sur-le-champ s'enfuirent; mais une grande partie fut taillée en pieces par le vingt-deuxieme. Une centaine ou deux gagnerent cependant les déserts à la faveur des arbres et des jardins. Les Arabes d'Yamb'o ont perdu dans cette action environ trois cents hommes tués, parmi lesquels se trouve le chérif successeur d'Hassan.

Après l'affaire de Birambra, du 13 germinal, le général Desaix s'étoit rendu à Kéné pour y organiser l'expédition destinée contre Cosséir; les marchands de ce port et de Gedda viennent le trouver et lui demander paix et protection. Ils sont accueillis et caressés. Il fait la paix avec les cheykhs de Cosséir, et avec un cheykh du pays d'Yamb'o qui remplissoit à Cosséir les fonctions de consul pour son pays; il donne ordre au général Belliard de faire construire un fort à Kéné, de hâter les préparatifs de l'expédition sur Cosséir, et le nomme commandant de la province de Thebes, dont l'administration venoit d'être organisée. Après ces dispositions, le général Desaix se rend de K'éné à Girgé, dont il confie le commandement au citoyen Morand ; il part ensuite pour Sioùt, où il arrive le 26 floréal.

Cependant le général Davoust n'avoit pas cessé de suivre les Arabes d'Yamb'o ; mais, après l'affaire du citoyen Lasalle, ils parurent détruits, et ce général vint à Sioùt. Il y étoit depuis plusieurs jours, et ne pouvoit savoir ce qu'étoit devenu le petit nombre qui avoit échappé au vingt-deuxieme, lorsque tout-à-coup on le prévient qu'il se forme à Bénéadi, grand et superbe village, et dont les habitants passent pour les plus braves de l'Egypte, un rassemblement de Mamloùks, d'Arabes, et de Darfouriens karavanistes, venus de l'intérieur de l'Afrique. On ajoute que Mourad bey doit venir des oasis se mettre à la tête de cette troupe.

Le général Davoust se dispose aussitôt à marcher contre ce village : il renforce sa colonne d'un bataillon de la quatre-vingt-huitieme et du quinzieme de dragons ; il remplace provisoirement Pinon dans le commandement de la province de Sioùt par le chef de brigade Silly, qui l'a conservé depuis.

Combat de Bénéadi.

Le 29, le général Davoust arrive près de Bénéadi, qui est plein de troupes; le flanc du village
vers le désert étoit couvert par une grande quantité de cavalerie, Mamloùks, Arabes et paysans.
Ce général forme son infanterie en deux colonnes;
l'une doit enlever le village, pendant que l'autre
le tournera. Cette derniere étoit précédée par sa
cavalerie, sous les ordres de Pinon, chef de brigade, distingué par ses talents; mais, en passant
près d'une maison, ce malheureux officier reçoit
un coup de fusil, et tombe mort. Le général Davoust le remplace par l'adjudant-général Rabasse.
La cavalerie apperçoit les Mamloùks dans les déserts : une des colonnes d'infanterie s'y porte;
mais l'avant-garde de Mourad bey, que l'affreuse
misere faisoit sortir des oasis, lui porte promptement le conseil de retourner. Les Arabes et les
paysans à cheval avoient déja lâché pied. L'infanterie et la cavalerie reviennent à la charge; le village est aussitôt investi : l'infanterie y entre, et,
malgré le feu qui sort de toutes les maisons, les Français s'en rendent entièrement maîtres. Deux mille
tant Arabes d'Yamb'o que Maugrabins, Darfouriens, Mamloùks démontés, et habitants de Bénéadi, restent sur le champ de bataille. En un instant,

ce beau village est réduit en cendres, et n'offre que des ruines. On y fait un butin immense, et on y trouve jusqu'à des caisses pleines d'or.

Pendant que Davoust détruisoit Bénéadi, les Arabes de Géama et d'el-Bacoutchi menaçoient Miniet; un grand nombre de villages des environs de Miniet s'insurgeoient, et les débris du rassemblement de Bénéadi y couroient; le chef de brigade Détrée, qui avoit peu de troupes, desiroit qu'un secours vînt changer sa position. Le général Davoust y marcha; mais il arriva trop tard : Détrée avoit fait un vigoureux effort, et les ennemis avoient été forcés de se retirer. On disoit que les Arabes d'Yamb'o marchoient sur Bénisouef, dont les environs se révoltoient aussi : le général Davoust y court. L'opinion parmi les habitants de la province de Bénisouef est qu'il ne descend de troupes que lorsque les autres ont été détruites; en conséquence ils courent aux armes, et, s'ils sont en force, ils attaquent les prétendus fuyards; s'ils sont trop foibles, ils se mettent à la poursuite de ces troupes pour les dévaliser; que s'ils ne peuvent les massacrer ni les piller, ils leur refusent les moyens de subsistance.

Le général Davoust se trouva dans le dernier de ces cas. Arrivé près du village d'Abou-Girgé, son cophte se porte en avant pour faire préparer des vivres. Le cheykh répond qu'il n'y a point de vivres chez lui pour les Français; qu'ils sont tous détruits en haut; et que, si lui ne se dépêche de se retirer, il le fera bâtonner d'importance. Le cophte veut lui représenter ses torts : on le renverse de son cheval, et le cheykh s'en empare. Le cophte, fort heureux de se sauver, vient rendre compte de sa réception au général Davoust, qui, après avoir fait sommer le village de rentrer dans l'obéissance, et avoir porté des paroles de paix, le fait cerner, et ordonne de mettre tout à feu et à sang : mille habitants sont morts dans cette affaire. Le général Davoust continue sa route sur Bénisouef; les ennemis, dont le nombre ne pouvoit inquiéter, avoient passé le fleuve : le général Davoust se disposoit à les y poursuivre, quand il reçut du général Dugua l'ordre de se rendre au Caire.

Lorsque les beys Hassan Jeddâoui et Osman Hassan partirent de la Kuita pour remonter vers Sienne, le général Belliard les suivit de très près, et les força de se jeter au-dessus des cataractes; il laissa ensuite à Hesney le brave chef de brigade Eppler, avec une garnison de 500 hommes, qui devoit contenir le pays, y lever des contributions, et sur-tout veiller à ce que les Mamloùks ne redescendissent pas; et il revint à Kéné s'occuper sans relâche de la construction du fort, mais plus encore de l'expédition de Cosséir.

Vers le 20 floréal, Eppler eut avis que les Mam-

loùks étoient revenus. à Sienne , où ils vivoient
fort tranquillement et se refaisoient de leurs fatigues et de leurs pertes. Cet excellent officier jugea
qu'il étoit important de leur enlever cette derniere
ressource ; en conséquence, il donna ordre au capitaine Renaud, qu'il avoit envoyé quelques jours
auparavant à Etfou avec 200 hommes, de marcher
sur Sienne et de chasser les Mamloùks au-dessus
des cataractes.

Combat de Sienne.

Le 27, à deux heures après midi, arrivé à une
demi-lieue de Sienne, le capitaine Renaud est prévenu qu'il va être attaqué. A peine a-t-il fait quelques dispositions, que les ennemis arrivent sur
lui bride abattue ; ils sont attendus et reçus avec
le plus grand sang-froid. La charge est fournie avec
la derniere impétuosité, et 15 Mamloùks tombent
morts au milieu des rangs ; Hassan bey Jeddâoui
est blessé d'un coup de baïonnette , et son cheval
tué; Osman bey Hassan reçoit deux coups de feu ;
dix Mamloùks expirent à une portée de canon du
champ de bataille ; vingt-cinq autres sont trouvés
morts de leurs blessures à Sienne.

Ce combat, l'exemple du désespoir d'une part,
et du plus grand courage de l'autre, a coûté cinquante morts et plus de soixante blessés aux en-

hemis, qui, pour la troisieme fois, ont été rejetés au-dessus des cataractes, où la misere et tous les maux vont les accabler.

Le capitaine Renaud a eu quatre hommes tués et quinze blessés.

Le premier soin du général Desaix, à son arrivée à Sioùt, fut de faire chercher des chameaux et confectionner des outres, afin d'aller joindre Mourad bey à Elouah; expédition qu'il desiroit faire marcher de front avec celle de Cosséir. Mais l'apparition des Anglais dans ce port le força de diriger contre Cosséir toute son attention.

Le général Belliard, qui devoit la commander, se trouvant attaqué d'un grand mal d'yeux, Desaix lui envoya le citoyen Douzelot, son adjudant-général, pour le seconder ou le remplacer; ils partirent l'un et l'autre de Kéné, le 7 prairial, avec 500 hommes de la vingt-unieme.

Le 10, le général Belliard prend possession du port de Cosséir, où se trouve un fort, qui, avec quelques réparations, peut devenir très important.

Bataille et siege d'Aboùqir.

Telle étoit la situation de la haute Egypte et de l'armée du général Desaix, quand Bonaparte arriva au Caire de son expédition de Syrie. Son premier soin avoit été d'organiser son armée et d'en remplir tous les cadres, afin de la mettre promptement en état de marcher à de nouveaux combats. Il n'avoit détruit qu'une partie du plan général d'attaque combinée entre la Porte et l'Angleterre ; il jugea qu'il lui faudroit bientôt écarter les autres dangers qu'il avoit prévus.

En effet il est bientôt instruit par le général Desaix que les Mamloùks de la haute Egypte s'étant divisés, une partie s'est portée dans l'oasis de Sébabiàr , avec dessein de se réunir à Ibrâhim bey , qui étoit revenu à Ghazah , tandis que Mourad bey descendoit par le Faïoum pour gagner l'oasis du lac Natron , afin de se réunir à un rassemblement d'Arabes qui s'y étoit formé , et que le général Destaing avoit reçu ordre de disperser avec la colonne mobile mise à sa disposition. Cette marche de Mourad bey , combinée avec le mouvement des Arabes , annonçoit le dessein de protéger un débarquement , soit à la tour des Arabes, soit à Aboùqir.

Le 22 messidor , le général Lagrange part du

Caire avec une colonne mobile ; il arrive à Séba-
biar où il surprend les Mamloùks dans leur camp ;
ils n'ont que le temps de fuir dans le désert, en
abandonnant tous leurs bagages et sept cents chameaux. Osman bey, plusieurs kyachefs et quelques Mamloùks sont tués. Cinquante chevaux
restent au pouvoir des braves que le général Lagrange commande.

Le général Murat reçoit l'ordre de se rendre, à
la tête d'une colonne mobile, aux lacs Natron,
d'en éloigner les rassemblements d'Arabes, de
seconder le général Destaing, et de couper le
chemin à Mourad bey. Ce général arrive aux
lacs Natron, et prend, chemin faisant, un kiachef et trente Mamloùks, qui évitoient la poursuite du général Destaing. Mourad bey est informé, près des lacs Natron, que les Français y
sont ; il rétrograde aussitôt, et couche, le 25
messidor, près des pyramides de Gizeh, du côté
du désert.

Bonaparte, informé de ce mouvement, part du
Caire, le 26 messidor, avec les guides à cheval et
ceux à pied, les grenadiers des dix-huitieme et
trente-deuxieme, les éclaireurs et deux pieces de
canon ; il va coucher aux pyramides de Gizeh,
où il ordonne au général Murat de le joindre.
Arrivé aux Pyramides, son avant-garde poursuit
les Arabes qui marchoient à la suite de Mourad

bey parti le matin pour remonter vers le Faïoum. On tue quelques hommes ; on prend plusieurs chameaux.

Le général Murat, qui avoit rejoint Bonaparte, suit, l'espace de cinq lieues, la route qu'avoit tenue Mourad bey.

Bonaparte, disposé à rester deux ou trois jours aux pyramides de Gizeh, y reçoit une lettre d'Alexandrie, qui lui apprend qu'une flotte turke de cent voiles avoit mouillé à Aboùqir le 23, et annonçoit des vues hostiles contre Alexandrie. Il part au moment même pour se rendre à Gizeh ; il y passe la nuit à faire ses dispositions ; il ordonne au général Murat de se mettre en marche pour Rahmanié, avec sa cavalerie, les grenadiers de la soixante-neuvieme, ceux des dix-huitieme et trente-deuxieme, les éclaireurs, et un bataillon de la treizieme qu'il avoit avec lui.

Une partie de la division Lannes reçoit l'ordre de passer le Nil dans la nuit, et de se rendre à Rahmanié.

Une partie de la division Rampon reçoit également l'ordre de passer le Nil à la pointe du jour pour se porter aussi sur Rahmanié.

Le parc destiné à marcher se met en mouvement ; pendant la nuit tous les ordres et toutes les instructions sont expédiés dans les provinces.

Bonaparte recommande au général Desaix d'ordonner au général Friant de rejoindre les traces de Mourad bey, et de le suivre avec sa colonne mobile par-tout où il ira ; de faire bien approvisionner le fort de Kéné, dans la haute Egypte, et celui de Cosséir ; de laisser cent hommes dans chacun de ces forts ; de surveiller la situation du Caire pendant l'expédition contre le débarquement des Turks à Aboùqir ; de se concerter avec le général Dugua, commandant au Caire, et d'envoyer la moitié de sa cavalerie à l'armée. Il recommande au général Dugua de tenir, autant qu'il lui sera possible, des colonnes mobiles dans les provinces environnant le Caire ; de se concerter avec les généraux Desaix et Regnier ; de tenir la citadelle et les forts du Caire bien approvisionnés, et de s'y retirer en cas d'évènement majeur.

Il écrit au général Regnier de faire surveiller les approvisionnements des forts d'él-A'rych, Cathieh, Salehieh, et Belbeis ; de s'opposer, autant qu'il le pourra, avec la quatre-vingt-cinquieme et le corps de cavalerie à ses ordres, à tous les mouvements, soit de la part des Fellahs ou des Arabes révoltés, soit de celle d'Ibrâhim bey et des troupes de Djezzâr ; enfin, en cas de forces supérieures, d'ordonner aux garnisons de s'enfermer dans les forts, tandis que lui et ses troupes rentreroient au Caire ;

Au général Kleber de faire un mouvement sur

Rosette, en laissant les troupes nécessaires à la sûreté de Damiette et de la province.

Le général Menou, avec une colonne mobile, étoit parti pour les lacs Natrons. Il reçoit l'ordre de mettre deux cents Grecs avec une piece de canon, pour tenir garnison dans les couvents qui sont bâtis de maniere à faire d'excellents forts. L'objet est de défendre l'occupation de cet oasis à Mourad bey, ainsi qu'aux Arabes; il lui est ordonné de rejoindre l'armée à Rahmanié avec le reste de sa colonne.

Le général en chef avec le quartier-général part de Gizeh le 28 messidor, couche le même jour à Ouardân, le 29 à Terrané, le 30 à Chabour, il arrive le premier thermidor à Rahmanié, où l'armée se réunit le 2 et le 3.

Les généraux Lannes, Robin et Fugieres, qui étoient dans les provinces de Menouff et de Garbié pour y faire payer le miri, rejoignent l'armée à Rahmanié.

Bonaparte apprend que les cent voiles turkes, mouillées à Aboùqir le 24, avoient débarqué environ trois mille hommes et de l'artillerie, et avoient attaqué, le 27, la redoute, qu'ils avoient enlevée de vive force; que le fort d'Aboùqir, dont le commandant avoit été tué, s'étoit rendu le même jour par une de ces lâchetés qui méritent un exemple sévere.

Le fort est separé de la terre par un fossé de vingt pieds, ayant une contrescarpe taillée dans le roc; le revêtement en est bon; il eût pu tenir jusqu'à l'arrivée des secours.

L'adjudant-général Julien à Rosette se conduit avec autant de sagesse que de prudence; il fait conduire dans le fort les munitions, les vivres, les malades qui sont à Rosette; mais il reste dans cette ville avec la plus grande partie des deux cents hommes environ qu'il avoit à ses ordres; il maintient la confiance et la tranquillité dans la province et dans le Delta, et son intrépidité en impose aux agents de l'ennemi.

Le général Marmont écrit que les Turks ont pris Aboùqir par capitulation; qu'ils sont occupés à débarquer leur artillerie; qu'ils ont coupé les pontons construits par les Français, pour la communication avec Rosette, sur le passage qui joint le Madié à la rade d'Aboùqir; que les espions qu'il avoit envoyés rapportoient que l'ennemi avoit le projet de faire le siege d'Alexandrie, et étoit fort d'environ quinze mille hommes.

Bonaparte envoie le général Menou à Rosette avec un renfort de troupes; il lui ordonne d'observer l'ennemi, de défendre le Bogaze à l'embouchure du Nil.

On espéroit que l'ennemi deviendroit entreprenant par la prise d'Aboùqir; qu'il marcheroit soit sur Rosette, soit sur Alexandrie ; mais Bonaparte apprend qu'il s'établit et se retranche dans la presqu'isle d'Aboùqir ; qu'il forme des magasins dans le fort ; qu'il organise les Arabes , et attend Mourad bey avec ses Mamloùks avant de se porter en avant.

L'ennemi acquéroit chaque jour de nouvelles forces ; il étoit donc important de prendre une position d'où l'on pût l'attaquer également, soit qu'il se portât sur Rosette , soit qu'il voulût investir Alexandrie ; une position telle , que l'on pût marcher sur Aboùqir s'il y restoit, l'y attaquer, lui enlever son artillerie, le culbuter dans la mer , le bombarder dans le fort, et le lui reprendre.

Bonaparte se décide à prendre cette position au village de Birket, situé à la hauteur d'un des angles du lac Madié, d'où l'on se porte également sur l'Eter , Rosette. Alexandrie, et Aboùqir ; d'où l'on peut, en outre, resserrer l'ennemi dans la presqu'isle d'Aboùqir , lui rendre plus difficile sa communication avec le pays , et intercepter les secours qu'il peut attendre des Arabes et des Mamloùks.

Le général Murat, avec la cavalerie , les dromadaires , les grenadiers , et le premier bataillon de la soixante - neuvieme , part de Rahmanié le 2 , au soir , pour se rendre à Birket. Ce général a l'ordre de se mettre en communication avec Alexandrie, par des détachements; de faire reconnoître l'ennemi à Aboùqir, et de pousser des patrouilles sur l'Eter et autour du lac Madié.

L'armée part de Rahmanié le 4 thermidor, ainsi que le quartier-général. Le 5, elle est en position à Birket. Des sapeurs sont envoyés à Beddah pour y nettoyer les puits. Une patrouille enleve, le 3, près de Buccintor, environ 60 chameaux chargés d'orge et de bled, que les Arabes conduisoient à Aboùqir.

L'armée part de Birket dans la nuit du 5; une division prend position à Kafr-finn, et l'autre à Beddah; le quartier-général se rend à Alexandrie. Le général en chef passe la nuit à prendre connoissance des rapports de l'ennemi à Aboùqir. Il fait partir les trois bataillons de la garnison d'Alexandrie, aux ordres du général Destaing, pour aller reconnoître l'ennemi, prendre position, et faire nettoyer les puits. A moitié chemin d'Alexandrie à Aboùqir, il apprend que le général Kleber, avec une partie de sa division, est à Foua, et suit les mouvements de l'armée, ainsi qu'il en avoit reçu l'ordre.

Bonaparte avoit employé la matinée du 6 à voir les fortifications d'Alexandrie, et à tout disposer pour attaquer l'ennemi. D'après les rapports des espions et ceux faits par les reconnoissances, Mustapha pâchâ, commandant l'armée turke, avoit débarqué, avec environ 15000 hommes, beaucoup d'artillerie, une centaine de chevaux, et s'occupoit à se retrancher.

Dans l'après-midi, Bonaparte part d'Alexandrie avec le quartier-général, et prend position au Puits, entre Alexandrie et Aboùqir. La cavalerie du général Murat, les divisions Lannes et Rampon, ont ordre de se rendre à cette même position ; elles y arrivent dans la nuit du 6 au 7, à minuit, ainsi que 400 hommes de cavalerie venant de la haute Egypte.

Le 7 thermidor, à la pointe du jour, l'armée se met en mouvement ; l'avant-garde est commandée par le général Murat, qui a sous ses ordres 400 hommes de cavalerie, et le général de brigade Destaing, avec trois bataillons et deux pieces de canon.

La division Lannes formoit l'aile droite, et la division Lanusse l'aile gauche. La division Kleber, qui devoit arriver dans la journée, formoit la réserve. Le parc, couvert d'un escadron de cavalerie, venoit ensuite.

Le général de brigade Davoust, avec deux escadrons et cent dromadaires, a ordre de prendre position entre Alexandrie et l'armée, autant pour faire face aux Arabes et à Mourad bey, qui pouvoient arriver d'un moment à l'autre, que pour assurer la communication avec Alexandrie.

Le général Menou, qui s'étoit porté à Rosette, avoit eu l'ordre de se trouver, à la pointe du jour, à l'extrémité de la barre de Rosette à Aboùqir, au passage du lac Madié, pour canonner tout ce que l'ennemi auroit dans le lac, et lui donner de l'inquiétude sur sa gauche.

Mustapha pâchâ avoit sa premiere ligne à une demi-lieue en avant du fort d'Aboùqir ; environ mille hommes occupoient un mamelon de sables retranché, à sa droite, sur le bord de la mer, soutenu par un village, à trois cents toises, occupé par 1200 hommes et 4 pieces de canon. Sa gauche étoit sur une montagne de sables, à gauche de la presqu'isle, isolée, à six cents toises en avant de la premiere ligne : l'ennemi occupoit cette position, qui étoit mal retranchée, pour couvrir le puits le plus abondant d'Aboùqir. Quelques chaloupes canonnieres paroissoient placées pour défendre l'espace de cette position à la seconde ligne : il y avoit deux mille hommes environ et six pieces de canon.

L'ennemi avoit sa seconde position en arriere du village, à trois cents toises; son centre étoit établi à la redoute qu'il avoit enlevée; sa droite étoit placée derriere un retranchement prolongé depuis la redoute jusqu'à la mer, pendant l'espace de 150 toises ; sa gauche, en partant de la redoute, vers la mer , occupoit des mamelons et la plage , qui se trouvoit à la fois sous les feux de la redoute et sous ceux des chaloupes canonnieres ; il avoit, dans cette seconde position , à-peu-près sept mille hommes et douze pieces de canon. A cent cinquante toises derriere la redoute, se trouvaient le village d'Aboùqir et le fort occupés ensemble par environ 1500 hommes ; 80 hommes à cheval formoient la suite du pâchâ commandant en chef.

L'escadre étoit mouillée à une demi-lieue dans la rade.

Après deux heures de marche , l'avant-garde se trouve en présence de l'ennemi ; la fusillade s'engage avec les tirailleurs.

Bonaparte arrête les colonnes , et fait ses dispositions d'attaque.

Le général de brigade Destaing , avec ses trois bataillons , marche pour enlever la hauteur de la droite de l'ennemi , occupée par mille hommes. En même temps un piquet de cavalerie a ordre de couper ce corps dans sa retraite sur le village.

La division Lannes se porte sur la montagne de sable , à la gauche de la premiere ligne de l'ennemi , où il avoit deux mille hommes et six pieces de canon ; deux escadrons de cavalerie ont l'ordre d'observer et de couper ce corps dans sa retraite.

Le reste de la cavalerie marche au centre.

La division Lanusse reste en seconde ligne.

Le général Destaing marche à l'ennemi au pas de charge; celui-ci abandonne ses retranchements, et se retire sur le village; la cavalerie sabre les fuyards.

Le corps sur lequel marchoit la division Lannes, voyant que la droite de sa premiere ligne est forcée de se replier, et que la cavalerie tourne sa position, veut se retirer, après avoir tiré quelques coups de canon; deux escadrons de cavalerie et un peloton des guides lui coupent la retraite, et forcent à se noyer dans la mer ce corps de deux mille hommes : aucun n'évite la mort; le commandant des guides à cheval, Hercule, est blessé.

Le corps du général Destaing marche sur le village, centre de la seconde ligne de l'ennemi; il le tourne en même temps que la trente-deuxieme demi-brigade l'attaque de front. L'ennemi fait une vive résistance; sa seconde ligne détache un corps considérable par sa gauche pour venir au secours du village; la cavalerie le charge, le culbute, et poursuit les fuyards, dont une grande partie se précipite dans la mer.

Le village est emporté, l'ennemi est poursuivi jusqu'à la redoute, centre de sa seconde position. Cette position étoit très forte ; la redoute étoit flanquée par un boyau qui fermoit à droite la presqu'isle jusqu'à la mer. Un autre boyau se prolongeoit sur la gauche, mais à peu de distance de la redoute ; le reste de l'espace étoit occupé par l'ennemi, qui étoit sur des mamelons de sable et dans des palmiers.

Pendant que les troupes reprennent haleine, on met des canons en position au village et le long de la mer ; on bat la droite de l'ennemi et sa redoute. Les bataillons du général Destaing formoient au village qu'ils venoient d'enlever le centre d'attaque en face de la redoute ; ils ont ordre d'attaquer.

Le général Fugieres reçoit l'ordre de former en colonne la dix-huitieme demi-brigade, et de marcher le long de la mer pour enlever au pas de charge la droite des turks. La trente-deuxieme, qui occupoit la gauche du village, a l'ordre de tenir l'ennemi en échec, et de soutenir la dix-huitieme.

La cavalerie, qui formoit la droite de l'armée, attaque l'ennemi par sa gauche ; elle le charge avec impétuosité à plusieurs reprises : elle sabre, et force à se jeter à la mer tout ce qui est devant elle ; mais elle ne pouvoit rester au-delà de la redoute, se trouvant entre son feu et celui des canonnieres ennemies. Emportée par sa valeur dans ce défilé de feux, elle se reploit aussitôt qu'elle avoit chargé, et l'ennemi renvoyoit de nouvelles forces sur les cadavres de ses premiers soldats.

Cette obstination et ces obstacles ne font qu'irriter l'audace et la valeur de la cavalerie; elle s'élance et charge jusque sur les fossés de la redoute qu'elle dépasse; le chef de brigade Duvivier est tué: l'adjudant - général Roze, qui dirige les mouvements avec autant de sang - froid que de talent, le chef de brigade des guides à cheval Bessieres, l'adjudant-général Leturcq, sont à la tête des charges.

L'artillerie de la cavalerie, celle des guides, prennent position sous la mousqueterie ennemie, et, par le feu de mitraille le plus vif, concourent puissamment au succès de la bataille.

L'adjudant-général Leturcq juge qu'il faut un renfort d'infanterie; il vient rendre compte au général en chef, qui lui donne un bataillon de la soixante-quinzieme; il rejoint la cavalerie; son cheval est tué. Alors il se met à la tête de l'infanterie; il vole du centre à la gauche pour rejoindre la dix-huitieme demi-brigade, qu'il voit en marche pour attaquer les retranchements de la droite de l'ennemi.

La dix-huitieme marche aux retranchements: l'ennemi sort en même temps par sa droite; les têtes des colonnes se battent corps à corps. Les

Turks cherchent à arracher les baïonnettes qui leur donnent la mort; ils mettent le fusil en bandouliere, se battent au sabre et au pistolet. Enfin la dix-huitieme arrive jusqu'aux retranchements; mais le feu de la redoute qui flanquoit du haut en bas le retranchement où l'ennemi s'étoit rallié arrête la colonne. Le général Fugieres, l'adjudant-général Leturcq, font des prodiges de valeur. Le premier reçoit une blessure à la tête; il continue néanmoins à combattre; un boulet lui emporte le bras gauche : il est forcé de suivre le mouvement de la dix-huitieme, qui se retire sur le village dans le plus grand ordre, en faisant un feu très vif. L'adjudant-général Leturcq avoit fait de vains efforts pour déterminer la colonne à se jeter dans les retranchements ennemis. Il s'y précipite lui-même; mais il s'y trouve seul; il y reçoit une mort glorieuse : le chef de brigade Morangié est blessé.

Une vingtaine de braves de la dix-huitieme restent sur le terrain. Les Turks, malgré le feu meurtrier du village, s'élancent des retranchements pour couper la tête des morts et des blessés, et obtenir l'aigrette d'argent que leur gouvernement donne à tout militaire qui apporte la tête d'un ennemi.

Le général en chef avoit fait avancer un bataillon de la vingt-deuxieme légere, et un autre de

la soixante-neuvieme sur la gauche de l'ennemi.
Le général Lannes, qui étoit à leur tête, saisit le
moment où les Turks étoient imprudemment sor-
tis de leurs retranchements ; il fait attaquer la redoute de vive force par sa gauche et par sa gorge.
La vingt-deuxieme et la soixante-neuvieme, un
bataillon de la soixante-quinzieme, sautent dans
le fossé, et sont bientôt sur le parapet et dans la
redoute, en même temps que la dix-huitieme
s'étoit élancée de nouveau au pas de charge sur la
droite de l'ennemi.

Le général Murat, qui commandoit l'avant-
garde, qui suivoit tous les mouvements, et qui
étoit constamment aux tirailleurs, saisit le moment où le général Lannes lançoit sur la redoute
les bataillons de la vingt-deuxieme et soixante-
neuvieme, pour ordonner à un escadron de charger et de traverser toutes les positions de l'ennemi,
jusque sur les fossés du fort. Ce mouvement est
fait avec tant d'impétuosité et d'à-propos, qu'au
moment où la redoute est forcée cet escadron se
trouvoit déja pour couper à l'ennemi toute retraite dans le fort. La déroute est complete ; l'ennemi en désordre et frappé de terreur trouve par-
tout les baïonnettes et la mort. La cavalerie le
sabre ; il ne croit avoir de ressource que dans la
mer ; dix mille hommes s'y précipitent: ils y sont
fusillés et mitraillés. Jamais spectacle aussi ter-

rible ne s'est présenté. Aucun ne se sauve ; les vaisseaux étoient à deux lieues dans la rade d'A-boùqir. Mustapha pâchâ, commandant en chef l'armée turke, est pris avec deux cents Turks ; deux mille restent sur le champ de bataille ; toutes les tentes, tous les bagages, vingt pieces de canon, dont deux anglaises qui avoient été données par la cour de Londres au Grand-Seignenr, restent au pouvoir des Français : deux canots anglais se dérobent par la fuite. Le fort d'Aboùqir ne tire pas un coup de fusil ; tout est frappé de terreur. Il en sort un parlementaire qui annonce que ce fort est défendu par douze cents hommes. On leur propose de se rendre ; mais les uns y con-sentent, les autres s'y opposent. La journée se passe en pourparlers ; on prend position ; on en-leve les blessés.

Cette glorieuse journée coûte à l'armée française cent cinquante hommes tués et sept cents cin-quante blessés. Au nombre des derniers est le général Murat, qui a pris à cette victoire une part si honorable ; le chef de brigade du génie Cretin, officier du premier mérite, meurt de ses blessures, ainsi que le citoyen Guibert, aide-de-camp du général en chef.

Dans la nuit, l'escadre ennemie communique avec le fort. Les troupes qui y étoient restées se réorganisent ; le fort se défend ; on établit des batteries de mortiers et de canons pour le réduire.

En attendant la reddition du fort, Bonaparte retourne à Alexandrie, dont il examine la situation. On ne sauroit donner trop d'éloges au général Marmont sur les travaux de défense de cette place ; tous les services sont parfaitement organisés ; et ce général a pleinement justifié la confiance que Bonaparte lui avoit témoignée lorsqu'il lui donna un commandement aussi important.

Le 8 thermidor, le général en chef fait sommer le château d'Aboùqir de se rendre. Le fils du pâchâ, son kiaya, et les officiers veulent capituler ; mais les soldats s'y refusent.

Le 9, on continue le bombardement.

Le 10, plusieurs batteries sont établies sur la droite et la gauche de l'isthme ; quelques chaloupes canonnieres sont coulées bas ; une frégate est démâtée et forcée de prendre le large.

Le même jour, l'ennemi, qui commençoit à manquer de vivres, s'introduit dans quelques maisons du village qui touche le fort ; le général Lannes y accourt, il est blessé à la jambe ; le général Menou le remplace dans le commandement du siege.

Le 12, le général Davoust étoit de tranchée ; il s'empare de toutes les maisons où étoit logé l'ennemi, et le jette ensuite dans le fort, après lui avoir tué beaucoup de monde. La vingt-deuxieme demi-brigade d'infanterie légere, et le chef de brigade Magny qui a été légèrement blessé, se sont parfaitement conduits : le succès de cette journée, qui a accéléré la reddition du fort, est dû aux bonnes dispositions du général Davoust.

Le 15, le général Robin étoit de tranchée ; les batteries étoient établies sur la contrescarpe, et les mortiers faisoient un feu très vif ; le château n'étoit plus qu'un monceau de pierres. L'ennemi n'avoit point de communication avec l'escadre ; il mouroit de faim et de soif ; il prend le parti non de capituler, ces hommes-là ne capitulent pas, mais de jeter ses armes, et de venir en foule embrasser les genoux du vainqueur. Le fils du pâchâ, le kiaya, et deux mille hommes, ont été faits prisonniers. On a trouvé dans le château trois cents blessés, et dix-huit cents cadavres ; il y a des bombes qui ont tué jusqu'à six hommes. Dans les vingt-quatre heures de la sortie de la garnison turke, il est mort plus de quatre cents prisonniers, pour avoir bu et mangé avec trop d'avidité.

Ainsi cette affaire d'Aboùqir coûte à la Porte dix-huit mille hommes, et une grande quantité de canons.

Les officiers du génie Bertrand et Liédot, le

commandant d'artillerie Faultrier, se sont com-
portés avec la plus grande distinction. L'ordre et
la tranquillité n'ont cessé de régner parmi les
habitants de l'Egypte pendant les quinze jours
qu'a duré cette expédition, qui a terminé les glorieux travaux de Bonaparte en Egypte.

FIN.

ERRATA.

Page 15, ligne 8, au lieu de Felha, *lisez* Fellahs.

P. 17, l. 18, au lieu de Comecheric, *l.* Qom-el-cheriq.

P. 28, l. 8, au lieu de Solahie, *l.* Saléhié.

P. 34, l. 25 et 29, au lieu de Bocaze, *l.* Boghaz.

P. 40, l. 13, au lieu de Birkel-el-hades, *l.* Birket-el-hadj.

P. 41, l. 29, au lieu de Tot, *l.* Tor.

P. 45, l. 16, au lieu de Tuict, *l.* Tinêh.

P. 48, l. 28, au lieu de Bir-el-Aju, *l.* Bir-êl-Ayoub.

P. 51, l. 22, p. 52, l. 14, 16, p. 110, l. 14, 18, au lieu de Kan-Jounes, *l.* Kan-Iounes.

P. 52, l. 2, au lieu de Karavancerai, *l.* Kervan-seraï.

P. 53, l. 6, au lieu de parties, *l.* partis.

P. 54, l. 17, au lieu de Esdodec, *l.* Esdoud.

Ibid. l. 21, au lieu de Ledda, *l.* Lidda.

P. 61, l. 9 et 16, au lieu de Scheff-Amrs, *l.* Cheif-Amrs.

P. 70, l. 3, p. 73, l. 19, 27. p. 77, l. 7. p. 78, l. 11 et 18, au lieu de Djacoul, *l.* Iacoub.

P. 70, l. 6. p. 72, l. 5. p. 73, l. 21. p. 77, l. 2. p. 78, l. 19, au lieu de Giz-el-Mekanié, *l.* Djesr-êl-Mekanié.

P. 70, l. 20. p. 71, l. 3, au lieu de Kaft-Kana, *l.* Ghafar-Kana.

P. 71, l. 14, au lieu de Bedaonie, *l.* Bedaouié.

Ibid. l. 27. p. 72, l. 3, au lieu de Sedjarra, *l.* Ledjarra.

P. 81, l. 15, au lieu de Quaysarie, *l.* Qaïsarié.

P. 110, l. 10, au lieu de Elmechtal, *l.* El-Majdal.

P. 111, l. 10 et 12, au lieu de Omm-Farrege, *l.* Omm-Faredje.

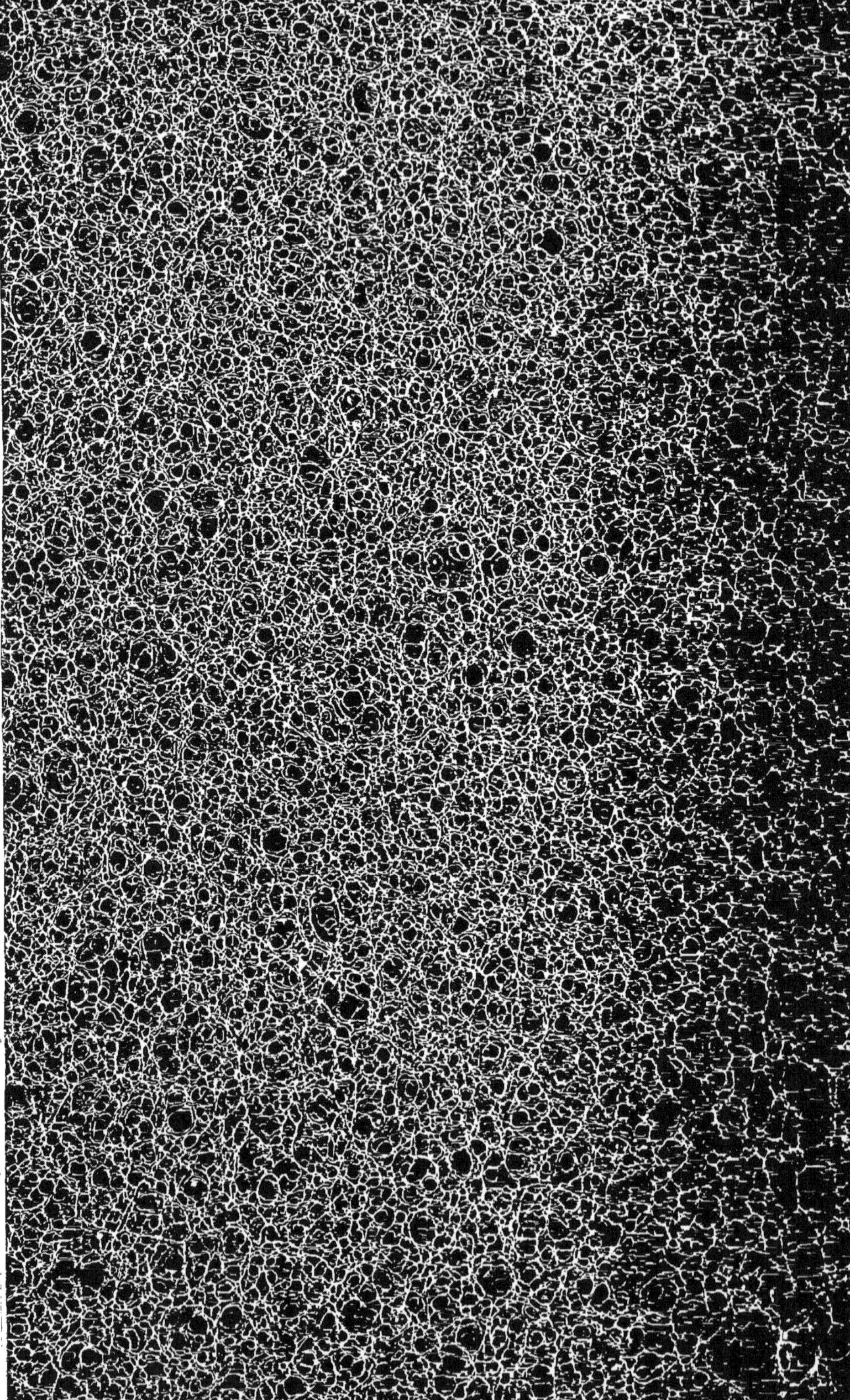

www.ingramcontent.com/pod-product-compliance
Ingram Content Group UK Ltd.
Pitfield, Milton Keynes, MK11 3LW, UK
UKHW010912160726
13695UKWH00007B/507